Die Texte für dieses Buch sind Briefe Oshos. Alle Osho Diskurse sind als Originale publiziert worden und als Original-Audios erhältlich. Audios und das vollständige Text-Archiv finden Sie unter der online Bibliothek „Osho Library" bei www.osho.com

FSC
www.fsc.org
MIX
Papier aus verantwortungsvollen Quellen
FSC® C110508

Englischer Originaltitel: Life is a Soap Bubble

1. Ausgabe 2012
Umschlaggestaltung: Silke Bunda Watermeier, www.watermeier.net
Übersetzung: Nirvano Spohr

Druck: Westermann Druck Zwickau GmbH, Zwickau
Printed in Germany
ISBN 978-3-942502-18-4

OSHO

Über die Unbeständigkeit des Glücks

100 erleuchtende Anregungen sich selbst zu vertrauen

Dieses Buch enthält 100 Briefe Oshos, die er 1965 täglich an eine seiner ersten Schülerinnen geschrieben hat. Die Briefe sind keine persönlichen, intimen Schreiben, sondern philosophisch-spirituelle Texte zur Inspiration von Geist und Seele – Wegbegleiter durch den Alltag.

1

Der Mensch wird in Sklaverei geboren. Wir kommen als Sklaven unserer selbst zur Welt. Wir kommen – gefangen in den Ketten der Begierde – zur Welt und sind gefesselt an diese unsichtbaren Ketten.

Von Geburt an wurden wir so versklavt. Das hat die Natur so eingerichtet; wir haben es uns durch nichts verdient. Der Mensch entdeckt einfach, dass er versklavt ist. Die Freiheit muss er sich verdienen und nur wer um sie kämpft und sich um sie bemüht, wird sie finden.

Für die Freiheit ist ein Preis zu zahlen. Nichts Wertvolles im Leben ist je umsonst. Diese naturgegebene Sklaverei ist kein Missgeschick; das wäre sie erst, wenn wir nicht in der Lage wären, uns daraus zu befreien, unsere Freiheit zu gewinnen. Es ist nichts daran verkehrt, als Sklave geboren zu werden, aber es ist definitiv verkehrt als einer zu sterben.

Wenn du die Wahrheit wissen willst, meistere dich selbst. Der Sieg über die Wahrheit ist niemandem beschieden, der sich seinem Selbst unterwirft.

2

Widme dich unermüdlich deiner Wahrheitssuche. Du verdienst erst dann die Wahrheit zu finden, wenn du sie mit jedem Atemzug anstrebst.

Dein Verlangen nach Wahrheit darf nicht nur eines unter deinen vielen anderen sein. Ein nur halbherziges Verlangen nach Wahrheit ist gar kein Verlangen. Dein Herz muss sich restlos und vollkommen nach der Wahrheit verzehren. Wenn du dich von ganzem Herzen und rückhaltlos nach der Wahrheit sehnst, wird dich genau dieses Sehnen zu ihr führen.

Denk daran: Ein brennender Durst nach der Wahrheit ist schon der Weg zu ihr. Religiös wirst du erst, wenn dein ganzes Sein von unersättlichem Durst nach der Wahrheit brennt und dein Herz klopft, weil du es gar nicht abwarten kannst, ins Unbekannte vorzudringen. Wenn du nur noch für die Wahrheit atmest und lebst, tust du genau in diesem wortlosen Sehnen die ersten Schritte auf sie zu.

Nur die Liebe – eine vom Durst entbrannte Liebe – hat die Wahrheit verdient und das Recht auf sie.

3

Die Wahrheit ist eins, aber viele Türen können zu ihr führen. Aber wenn du allein auf die Tür schwörst, wirst du an der Tür stehen bleiben. Dann wird sich die Tür zur Wahrheit nie für dich öffnen.

Die Wahrheit ist überall. Alles was existiert, ist die Wahrheit. Sie hat zahllose Formen. Hierin gleicht sie der Schönheit. Die Schönheit kommt in vielen Formen zum Ausdruck, das heißt aber nicht, dass die Schönheit lauter verschiedene Dinge ist. Das, was nachts in den Sternen glüht und was in den Blumen Duft verströmt und was in den Augen der Liebe strahlt – sind das etwa lauter verschiedene Dinge? Der Form nach vielleicht, aber in ihnen allen ist dasselbe Wesen präsent. Wer jedoch bei der Form stehen bleibt, wird niemals die Seele kennen lernen. Und wer beim Schönen stehen bleibt, vermag nie und nimmer die Schönheit selbst zu erfahren. So wie auch alle, die auf das Wort pochen, ohne die Wahrheit auskommen müssen.

Alle, die dies wissen, verwandeln die Stolpersteine auf dem Weg in Schrittsteine. Und für alle, die dies nicht wissen, werden sogar Schrittsteine zu Stolpersteinen.

4

Selbsterkenntnis ist die einzig mögliche Erkenntnis. Was wäre schon wertvoll in denen, die sich selbst nicht kennen – aber alles andere?

Das größte Problem des Menschen ist, dass er sich selbst nicht kennt. So wie es unter einer Lampe dunkel ist, ist auch der Mensch im Dunkeln über die Realität seines eigenen Selbst, seiner Seele. Wenn wir uns nicht selbst kennen, ist es da etwa ein Wunder, dass unser ganzes Leben in die Irre geht? Ohne Selbsterkenntnis ist das Leben wie ein Schiff, dessen Kapitän nicht bei Sinnen ist, aber immer weiterfährt, egal wohin. Sich selbst zu kennen ist die Grundvoraussetzung, um dein Leben richtig einzuschätzen und ihm eine Bestimmung zu geben. Ehe ich erkennen kann, wozu ich geboren wurde, muss ich erkennen, *wer ich bin.* Erst wenn ich weiß, wer ich bin, kann ich den Grundstein für die Zukunft legen, die in mir schlummert. Erst wenn ich weiß, wer ich bin, kann ich das Ungeborene in mir gebären. Wenn dein Leben einen Sinn haben soll, wenn dein Schiff zur Küste der Erfüllung gelangen soll, darf es dich nur interessieren, dich selbst zu erkennen – und sonst nichts. Bis dahin ist alles andere Wissen unnütz. Ansonsten ist alles Wissen auf Seiten des Unwissenden purer Selbstmord.
Das erste Verlangen nach Erkenntnis gilt dem Selbsterkennen. Wenn es dort dunkel ist, herrscht überall Dunkelheit. Und wenn es dort hell ist, ist überall Helligkeit.

5

Der Mensch muss mit sich selbst unzufrieden werden; erst dann bewegt er sich Richtung Göttlichkeit. Wer sich mit sich selbst zufrieden gibt, zerstört sich.

Ich lehre die Unzufriedenheit. Ich lehre dich: Finde dich nicht damit ab, nur irgendein Mensch zu sein. Das menschliche Leben ist lediglich ein Zwischenstopp auf der gesamten Reise des Lebens, nicht ihr Endziel. Und alle, die es für das Endziel halten, verspielen eine unschätzbare Gelegenheit, über das Menschsein hinauszuwachsen.

Wir befinden uns mitten in einem Evolutionsprozess, zu ihm gehört unsere Vergangenheit ebenso wie unsere Zukunft. Die Evolution hört nicht mit uns auf, sondern wird auch uns transzendieren.

Wir könnten dies leichter verstehen, wenn wir uns so sähen, wie wir sind. Denn es ist nun mal so, dass wir in jeder Hinsicht unvollständig und unerfüllt sind. Wir haben noch nicht den Punkt erreicht, wo die Natur zum Stillstand kommen muss. Die Evolution – falls es denn eine gibt – kann nicht eher ruhen, als bis sie beim Göttlichen ankommt. Ohne die vollkommene Erfahrung des Göttlichen kann die Evolution weder ein sinnvolles Ziel noch einen Sinn und Zweck haben.

Der Mensch ist der Weg, um zur Göttlichkeit zu gelangen. Und alle, die diese Bestimmung verfehlen und sich lediglich mit dem Weg zufrieden geben, sind in der Tat zu bedauern! Wir haben das Tier hinter uns gelassen, und wir müssen weiterziehen um zum Göttlichen zu gelangen. Wir sind nur eine Brücke zwischen dem Animalischen und dem Göttlichen. Darum ist es mir so wichtig, den Menschen zu transzendieren. Wir müssen den Menschen hinter uns lassen, genau wie eine Schlange ihre Haut abstreift und weiterzieht. Wenn du dein Leben dazu nutzt, dein Menschsein zu transzendieren, machst du es richtig. Alles andere ist Missbrauch. Auf einem Weg soll man sich nicht niederlassen: man soll ihn vielmehr zurücklegen.

Lass es nicht dabei bewenden, wie du dich jetzt finden kannst. Hier endet der Weg nicht, sondern beginnt erst. Begreife, dass du nicht eher das Ende des Weges erreicht hast, als bis du heil und ganz geworden bist.

6

Hör auf, dich ums Dunkel zu kümmern und mach das Licht an. Wer nur über das Dunkle nachgrübelt, kann niemals zum Licht finden.

Es gibt sehr viel Dunkles im Leben. Ganz zu schweigen von Bosheit und Unmoral. Manche finden sich mit diesem Dunklen ab, aber dann nimmt ihr innerer Drang, das Licht zu erreichen, das Licht zu finden, allmählich immer mehr ab. Ich nenne dieses Resignieren mit dem Dunklen die größte Sünde. Damit vergeht sich der Mensch an sich selbst. Alle Vergehen an anderen geht auf dieses ursprüngliche Vergehen an sich selbst zurück.

Denke daran: Wer sich nicht an sich selbst versündigt, kann sich auch nicht an anderen versündigen. In dem Bemühen, sich dieses Dunklen zu erwehren, verfällt manch einer darauf, es zu leugnen. Dann wird sein Leben zu einem einzigen krampfhaften Leugnen der Dunkelheit. Dies ist genauso verkehrt. Denn wer sich mit der Finsternis abfindet, macht es genauso verkehrt wie der, der sie bestreitet. Man braucht sich weder damit abzufinden, noch es abzustreiten. Beides entsteht aus Unwissenheit.

Der intelligente Mensch tut, was er kann, um es hell zu machen. Das Dunkel ist substanzlos; es ist lediglich eine Abwesenheit von Licht. Sobald das Licht auftaucht, löst sich das Dunkel auf. Mit dem Bösen, der Unmoral und der Irreligiosität verhält es sich genauso. Das Licht der Religiosität ist der Tod der Irreligiosität.

Wer gegen das Dunkle kämpft, bekämpft eine Abwesenheit – das ist Wahnsinn. Wenn du schon kämpfen musst, dann kämpfe lieber dafür, dass es hell wird. Wer Licht hat, zerstört alles Dunkel – ohne es zu wollen!

Wer sich mit der Finsternis abfindet, macht es genauso verkehrt wie der, der sie bestreitet.

1

Die Wahrheit des Lebens ist durch Ausgewogenheit und Harmonie zu finden. Alle, die sich allzu weit in extreme Richtungen bewegen, kommen vom Weg ab.

Der Verstand pendelt immer hin und her und funktioniert in Extremen. Es fällt ihm ganz leicht, sich von einem Extrem ins andere zu schwingen – das ist seine Natur. Jemand, der allzu sehr am Körper hängt, kann seinem Körper auch – als Reaktion – sehr hart und brutal behandeln. In dieser Härte und Brutalität verbirgt sich dieselbe Bindung. Er hängt nach wie vor am Körper, genauso wie vorher, jetzt nur in umgekehrter Weise: Vorher war der Fokus seiner Aufmerksamkeit auf den Körper gerichtet und auch jetzt. Um seine ursprüngliche Bindung an den Körper beizubehalten, täuscht uns der Verstand, indem er ins andere Extrem ausschlägt. Aus diesem Grund geht der Verstand immer in die Extreme. Diese Einstellung des Verstandes, immer ins Gegenteil umzuschlagen, nenne ich Disharmonie.

Was aber nenne ich dann Harmonie? Die genaue Mitte zwischen zwei Extremen zu suchen, nenne ich Harmonie – und sich an diesem Punkt zu halten. Und wo Harmonie herrscht, ist das Leben voller Musik. Die Musik des Lebens entsteht aus innerer Harmonie. Indem man den genauen Punkt zwischen der Liebe zum Körper und dem Hass auf den Körper ausfindig macht und sich dort niederlässt, findet man zur inneren Harmonie. Jenseits aller Abhängigkeit und allem Ekel. Wer den genauen Punkt zwischen Weltverliebtheit und Desillusion von der Welt findet und sich dort niederlässt, hat zur Ausgewogenheit namens Sannyas gefunden. Und wenn er dann diese Ausgewogenheit zwischen allen Extremen auch tatsächlich zu leben vermag, überwindet er sie – und die Musik der Erleuchtung hält Einzug in sein Leben.

Der Verstand des Menschen lebt von Extremen, und er stirbt, wenn es keine Extreme gibt. Wenn der Lärm des Verstandes verklingt, beginnt der Mensch spontan die Musik zu hören, die von jeher schon in ihm spielt. Diese Musik des Selbst ist die Erleuchtung, ist die letztmögliche Befreiung, ist die letztmögliche Wirklichkeit. Sich in Flammen zu werfen, um nicht ertrinken zu müssen – auf diese Art findet man keine Rettung.

8

In stockfinsterer Nacht ist schon ein einziger Lichtstrahl ein Segen; denn wenn du ihm folgst, wirst du zur Quelle des Lichts finden.

Aus irgendeinem Grund zürnte ein König einst seinem Großwesir und setzte ihn hoch oben auf einem Minarett gefangen. Dies kam praktisch einem qualvollen Todesurteil gleich, da er dort nichts zu essen bekam und unmöglich mit einem Sprung in die schwindelnde Tiefe entkommen konnte. Als man den Mann zu seinem Gefängnis schleppte, wunderten sich die Leute, wie unbesorgt und heiter er wirkte. Im Gegenteil, er war so zuversichtlich wie immer. Als seine Frau unter Tränen Abschied von ihm nahm, fragte sie, was ihn so heiter stimme. Er erwiderte: „Besorge mir nur einen einzigen Seidenfaden, so werde ich freikommen. Das wirst du doch für mich tun können, oder?"

Seine Frau zerbrach sich den Kopf, wie sie ihm einen Seidenfaden auf jenes hohe Minarett schicken könne. Sie fragte einen Sufi-Mystiker um Rat.

Dieser sagte: „Fang eins von diesen kleinen Insekten namens *bhringa* und binde ihm einen Seidenfaden ans Bein. Tu dann einen Tropfen Honig auf einen Fühler und setze das Tier am Fuße des Minaretts ab, aber mit dem Kopf nach oben."

Noch am selben Abend war es soweit: Vorwärts gelockt vom Duft des Honigs, kroch das Insekt langsam den Turm hinauf. Schließlich beendete es seine lange Reise und so landete das eine Ende des Seidenfadens in der Hand des Gefangenen. Dieser dünne Seidenfaden wurde zum Retter seines Lebens und seiner Freiheit. Denn später erhielt er mit jenem Faden zunächst einen etwas dickeren Baumwollfaden, danach ein dünnes und schließlich ein dickes Seil. Und mit diesem Seil konnte er schließlich aus seinem Gefängnis fliehen.

Deshalb sage ich: Ein einziger Lichtstrahl genügt, um zur Sonne zu gelangen. Und man braucht euch diesen Strahl nicht einmal zu schicken – ein jeder hat ihn bereits. Wer diesen Strahl zu finden vermag, wird auch die Sonne finden.

Das innere Leben des Menschen ist ein Strahl der Unsterblichkeit; die innere Bewusstheit ist ein Tropfen der Erleuchtung; und die innere Freude ist nichts als ein Vorgeschmack von *sat-chit-anand* – Wahrheit, Bewusstsein, Glückseligkeit.

9

Was heißt Beten? Liebe und Hingabe. Wo keine Liebe ist, da gibt es kein Beten. Ich möchte dir eine herrliche Geschichte über die Liebe erzählen...

Nuri, Rakkam und einige andere Sufi-Mystiker wurden wegen Unglaubens zum Tode verurteilt. Als der Scharfrichter mit bloßem Schwert vor Rakkam trat, stand Nuri auf und stellte sich höflich und fröhlich zwischen seinen Freund und den Henker. Die tausendköpfige Menge hielt den Atem an, während ein eisiger Schauer der Stille durch die Zuschauer lief. Der Henker sagte: „Junger Mann! Auf die Bekanntschaft eines Schwertes sollte man nicht allzu sehr erpicht sein. Du bist noch nicht dran."
Und weißt du, was Nuri, dieser Mystiker, ihm erwiderte?
Er sagte: „Liebe ist meine einzige Religion. Ich weiß wohl, auf dieser Welt ist das Leben der höchste Wert, aber was ist es schon im Vergleich zur Liebe? Für einen, der Liebe findet, ist das Leben nichts als ein Spiel. Für die Welt ist das Leben das Höchste. Doch die Liebe ist nicht von dieser Welt, darum steht sie weit über dem Leben. Sie ist ein Teil der Wahrheit. Und die Liebe sagt: Wenn der Tod kommt, stell dich vor deine Freunde, und wenn Leben geschenkt wird, stell dich hinter sie. Das heißt Beten für uns."

Beten kann keine Struktur haben. Es ist ein spontanes Ausschütten des Herzens. So wie eine Quelle von einem Berg strömt, so strömt Beten aus einem liebenden Herzen.

10

Jeder ist ein Spiegel. Von früh bis spät sammelt sich Staub auf dem Spiegel. Und wer es zulässt, dass sich Staub festsetzt, ist kein Spiegel mehr. Und wie dein Spiegel, so auch deine Bewusstheit. Die von ihr gespiegelte Wahrheit ist nur insofern wahr, als sie zu spiegeln vermag.

Jemand klagte einst einem Mystiker, dass ihn sein endloser Gedankenstrom zutiefst verstöre. Der Mystiker schickte ihn zu seinem Freund, der auch Mystiker war, der werde sein Problem schon lösen. Zum Abschied sagte er noch: „Geh nun und beobachte sehr genau die täglichen Verrichtungen meines Freundes, dadurch wirst du da wieder herausfinden."
Der Mystiker, zu dem er geschickt wurde, war ein Gastwirt. Ein paar Tage lang beobachtete er diesen genau, konnte aber nichts Besonderes, nichts Lernenswertes erkennen. Dieser Mystiker war ja ein ganz gewöhnlicher Mensch! An ihm war keine Spur von Weisheit. Gewiss, er war bescheiden und von kindlicher Unschuld, aber sein Verhalten verriet nichts Besonderes...
Dem Mann entging nicht eine der täglichen Verrichtungen des Mystikers. Nur eines konnte er nicht sehen, und zwar, was er abends vor dem Zubettgehen und morgens vor dem Aufstehen tat. Als er ihn danach fragte, sagte der Mystiker: „Nicht viel. Abends wasche ich alle benutzten Geräte

ab. Und da sich auch nachts noch Staub auf sie legt, wasche ich sie am Morgen erneut. Sie dürfen nicht staubig oder schmutzig werden – es ist wichtig daran zu denken! Schließlich bin ich der Gastwirt hier."
Tief enttäuscht kehrte der Mann zu seinem Meister zurück und berichtete ihm von der Tätigkeit des Mystikers und allem, was sich zwischen ihnen zugetragen hatte.
Sein Meister erwiderte: „Du hast also alles Lernenswerte gesehen und gehört, aber du hast es nicht verstanden. Du musst jeden Abend dein Geist reinigen und ihn jeden Morgen dann noch einmal putzen. Mit der Zeit wird er dann von allem Schmutz befreit sein. Es ist absolut unerlässlich für einen Gastwirt, sich dessen bewusst zu bleiben."

Ein täglicher geistiger Hausputz ist unerlässlich. Die Frische und Sauberkeit deines Lebens hängt ganz davon ab, ob du dich geistig gereinigt hast oder nicht. Und jeder, der dies vernachlässigt, tut es auf eigene Gefahr.

11

Das Ewige ist im Augenblick verborgen, und das grenzenlose All ist im Atom enthalten. Wer das Atom abtut, weil es für ihn „nur ein Atom" ist, verliert damit das ganze All. Nur wer im Unscheinbarsten nachgräbt, findet das Höchste.

Im Leben zählt jeder einzelne Augenblick. Und kein Augenblick ist mehr oder weniger wert als ein anderer. Es ist nutzlos, auf einen bestimmten Augenblick zu warten, der einem das Glück beschert. Alle, die hellwach sind, machen aus jedem einzelnen Augenblick Glückseligkeit. Und alle, die ständig auf die günstige Gelegenheit warten, verpassen die günstige Gelegenheit des Lebens an sich. Ein erfülltes Leben bekommt man nicht auf einmal ausgezahlt – mit einer Pauschalsumme. Es muss sich zusammenläppern, dabei zählt jeder einzelne Augenblick.
Einst hatte ein Meister seinen Körper verlassen, und als man seine Schüler fragte: „Was war der höchste Wert für euren Meister?", da erwiderten sie: „Was immer ihm jeweils am Herzen lag – zu jeder Zeit."

Das Meer besteht aus vielen einzelnen Tropfen. Und das Leben besteht aus vielen individuellen Augenblicken. Wer sich die Tropfen bewusst macht, lernt das ganze Meer kennen. Und wer immer den Augenblick erfährt, hat damit das ganze Leben erfahren.

12

Es gibt keinen größeren Fehler als sich für ein „Ich" zu halten. Das ist das größte Hindernis auf dem Weg zur Wahrheit. Alle, die dieses Hindernis nicht überwinden, werden der Wahrheit keinen Schritt näherkommen.

Ein Sannysin kam einmal durch ein Dorf, in dem sich ein befreundeter Sannyasin aufhielt. Also wollte er ihn besuchen, ehe er weiterzog. Obwohl es bald Mitternacht war, wollte er es versuchen, da er drinnen ein Licht brennen sah. Er klopfte ans Fenster und jemand fragte: „Wer da?"
In der Meinung, seine Stimme würde ihn identifizieren, antwortete er: „Ich bin's!"
Doch es kam keine Antwort. So oft er auch ans Fenster klopfte – niemand reagierte. Er fragte sich schon, ob das Haus leer sei; noch einmal wiederholte er laut und deutlich: „Mein Freund, wieso machst du mir nicht die Tür auf? Warum antwortest du nicht?"
Da ertönte eine Stimme: „Wer ist dieser Narr, der sich selbst Ich nennt? Außer Gott darf niemand Ich sagen!"

Unser Ich ist das einzige Schloss am Tor zur Wahrheit. Wenn du dieses Schloss aufbrichst, erkennst du plötzlich, dass die Tür immer offen stand.

13

Die Wahrheit existiert in unserem innersten Selbst. Und sie ist nicht einmal schwer zu finden – dazu brauchen wir nur die Reise nach Innen anzutreten. Wer in sich geht, findet sowohl die Wahrheit als auch sich selbst ... im Innersten seines Lebensatems.

Im Zweiten Weltkrieg fand man auf einem Bahnhof einen schwerverletzten französischen Soldaten. Sein Gesicht war so übel zugerichtet, dass seine Identität nicht zu erkennen war. Dies wurde noch dadurch erschwert, dass er sich aufgrund einer Kopfwunde nicht einmal selbst erinnern konnte, wer er war. Er hatte sein Gedächtnis verloren. Auf alle Fragen antwortete er nur immer tränenüberströmt: „Ich weiß nicht, wer ich bin oder woher ich komme." Am Ende beanspruchten ihn drei Familien für sich – was natürlich nicht sein konnte. Also führte man ihn in jeden der drei Orte und überließ ihn sich selbst.
In zwei Städten blieb er nur ratlos stehen und wusste nicht, was er tun sollte. Aber kaum im dritten Ort angekommen, leuchteten seine stumpfen Augen auf, und er war sichtlich bewegt. Ganz allein ging er zu einer Straße und rannte auf ein bestimmtes Haus zu – so als hätte eine überirdische Kraft sich seiner verschlafenen Seele bemächtigt. Er erkannte etwas. Er hatte sein Zuhause wiedererkannt...
Überwältigt vor Freude rief er aus: „Hier bin ich zuhause! Jetzt weiß ich wieder, wer ich bin!"

So ist es uns allen ergangen: Wir haben nur deshalb vergessen, wer wir sind, weil wir vergessen haben, wo wir zuhause sind. Sobald es uns gelingt zu erkennen, wo wir zuhause sind, erkennen wir ganz von allein auch unser wahres Selbst.

Einer, der draußen herumirrt, wird niemals den Ort erreichen, wo sein wahres Zuhause steht. Solange er dort nicht ankommt, wird er auch sein Selbst nicht finden. Nicht nur im Außen, sondern auch innerlich gibt es eine Reise, die dich zu deinem Selbst und zur Wahrheit führt.

Wer in sich geht, findet sowohl die Wahrheit als auch sich selbst.

14

Vor die Wahl gestellt zwischen der Wahrheit und dem Selbst: Wählst du die Wahrheit, so wirst du nicht nur die Wahrheit finden, sondern auch dein wahres Selbst. Wählst du aber das Selbst, so wirst du beides verlieren.

Der Mensch muss sein Selbst verlieren, ehe er zur Wahrheit wird. Das Selbst ist ein Schleier, der die Wahrheit verhüllt. Schon diese Sichtweise, diese Einstellung, die Welt von der Warte des Ich zu betrachten, ist das Hindernis. Denn es ist nur dieser Ich-Punkt, nichts sonst, der ihn von der Wahrheit trennt. Die Vertreibung aus dem Paradies ließ den Menschen zum Ich werden. Sein Fall beruht auf der stofflichen Natur des Ich, und indem er sein Ich verliert, steigt er zur spirituellen und damit zur göttlichen Ebene auf. Das Ich bedeutet Abstürzen. Nicht-Ich bedeutet Aufsteigen. Was also aussieht wie Verlieren, ist in Wirklichkeit das Gegenteil – ein Gewinn! Die Existenz des Ich, das du verlieren musst, ist in Wirklichkeit gar keine Existenz, sondern ein Traum: Was du findest indem du den verlierst, ist die Wahrheit.

Erst wenn sich das Saatkorn vollends im Erdreich verliert, kann es sprießen und zu einem Baum werden.

15

Das Leben ist eine Kunst. Es geht nicht nur darum, auf irgendeine Art und Weise zu leben; nur wer weiß, wofür er lebt, ist tatsächlich lebendig.

Was heißt es zu leben? Wozu existieren wir überhaupt? Zu welchen Zweck? Was wollen wir im Grunde werden und erlangen? Wenn du dir keiner Bestimmung bewusst bist, wie kannst du dann einen einzigen richtigen Schritt tun? Und wenn du keine Bestimmung hast, wie kannst du dann jemals zu vollständiger Erfüllung oder Zufriedenheit finden? Wer keine Ahnung davon hat, was ein rückhaltloses Leben bedeutet, ist wie einer, der aus einem Haufen von Blumen eine Girlande machen möchte, aber keinen Faden hat, auf den er sie aufziehen kann.
Irgendwann wird er einsehen, dass er so keine Girlande herstellen kann und dass sein Leben keine Richtung hat und ihm jeder Sinn für Ganzheit fehlt. All seine Erfahrungen werden bruchstückhaft sein und ihm nicht die Energie verleihen können, die zu wahrer Erkenntnis führt. Niemals wird er jene allumfassende Erfahrung machen, wo Leben und Nichtleben ein und dasselbe sind. Sein Leben wird sein wie ein Baum, der niemals Blüten oder Früchte hervorbringt. Er wird zwar Glück und Leid kennenlernen, aber niemals von der Glückseligkeit kosten, denn diese steigt erst auf, nachdem das Leben restlos erfahren wurde.

Wenn du die Glückseligkeit finden möchtest, dann mach aus deinem Leben eine Girlande aus Blumen. Zieh alle Erfahrungen deines Lebens auf den Faden einer einzigen Bestimmung auf. Wer es nicht so macht, wird nie die Bedeutung und Erfüllung des Lebens finden.

Was wollen wir werden und erlangen?

16

Wenn du dich nach der Wahrheit sehnst, darfst du dich auf keine Ideologie festlegen. Die Wahrheit macht immer einen großen Bogen um Ideologien. Wahrheit und Ideologie sind sich spinnefeind.

Bei der Wahrheitssuche ist ein freier und offener Geist der erste Schritt. Und wer seinen Geist mit irgendeiner Lehre oder Ideologie belastet, die er nie selbst erfahren hat, der lähmt und blockiert das Erforschen seiner selbst. Selbsterforschung ist die Antriebsfeder und die Lebenskraft der Suche. Einzig und allein das Erforschen weckt die Intelligenz und lässt das Bewusstsein aufsteigen. Aber das Erforschen entspringt dem Zweifel und nicht der Gutgläubigkeit. Deswegen ist für mich der Zweifel – und nicht die Gutgläubigkeit – das Hauptwerkzeug für den, der sich auf der Reise zur Wahrheit befindet.

Zweifeln ist ein Zeichen des gesunden Menschenverstandes, und nur wenn er richtig eingesetzt wird, fallen nach und nach die Hüllen, die die Wahrheit verdecken – bis der Augenblick kommt, da die Wahrheit enthüllt ist.

Mach dir ganz klar, dass Gläubige wie Ungläubige im Grunde glauben. Glaube ist sowohl negativ wie positiv. Der Zweifel ist eine dritte, vollkommen andere Geistesverfassung. Er ist weder gläubig noch ungläubig, sondern hat, unabhängig von beidem, die Freiheit nachzuforschen. Wie könnten Menschen, die bereits auf eine bestimmte Ideologie festgelegt sind, auf die Suche nach der Wahrheit gehen? Nur die Schiffe derjenigen, die die Ketten namens Glaube und Unglaube von den Ankern der Ideologien losmachen, können in die See der Wahrheit stechen.

Um die Wahrheit zu finden ist eine uneingeschränkte geistige Freiheit erforderlich. Keiner, der seinen Geist einer Lehre unterworfen hat, vermag die Sonne der Wahrheit zu sehen.

Die Wahrheit macht immer einen großen Bogen um Ideologien.

17

Wenn du offene Augen hast, dann ist alles im Leben eine Lernsituation. Und wenn du Lernhunger hast, wirst du von jeder Person und jeder Situation etwas lernen. Und vergiss nicht, wenn du auf diese Art nichts lernst, kannst du überhaupt nichts im Leben lernen. Emerson hat gesagt: „Jeder Mensch, dem ich begegne, ist in irgendetwas besser als ich, und so lerne ich von ihm."

Hierzu eine Geschichte: Ein Barbier aus Mekka rasierte soeben einem Kunden den Bart, als der Sufi-Mystiker Junnaid eintrat mit den Worten: „Im Namen Allahs, kannst du mich bitte auch rasieren?"
Kaum hörte er das Wort Allah, sagte der Barbier zu seinem Kunden: „Guter Freund, nun musst du warten. Verstehst du, in Allahs Namen muss ich mich jetzt erst um diesen Mystiker kümmern. Allah kommt immer zuerst!" Daraufhin rasierte er Junnaid voller Liebe und Hingabe. Zum Abschied machte er eine tiefe Verbeugung, und Junnaid ging seiner Wege. Wenige Tage später, als ihm jemand etwas Geld geschenkt hatte, ging Junnaid zurück zum Barbier und wollte ihn bezahlen. Doch der weigerte sich, das Geld anzunehmen und sagte: „Du solltest dich schämen! Du hattest mich gebeten, dich im Namen Allahs zu rasieren, nicht für Geld!" Bis ans Ende seines Lebens pflegte der Sufi-Mystiker seine Gefährten zu erinnern: „Selbstlose Hingabe habe ich von einem Barbier gelernt."

Noch in den unscheinbarsten Dingen liegen große Botschaften verborgen. Nur wer sie zu entziffern versteht, findet zur Weisheit. Jede Erfahrung trägt zu seiner Intelligenz bei, wenn der Mensch bewusst lebt. Alle, die unbewusst bleiben, werden selbst die Herrlichkeit abweisen, die an ihre Tür klopfen mag.

Noch in den unscheinbarsten Dingen liegen große Botschaften verborgen.

18

Die Füße des Menschen zeigen zur Hölle und sein Kopf zum Himmel. Himmel und Hölle, beide machen sein Potenzial aus. Welches von diesen beiden Saatkörnern Frucht trägt, ist absolut seine Sache.

Seine Größe hat der Mensch absolut selbst in der Hand; die Natur hat ihm nur Anlagen verliehen. Sein Endzustand ist nicht vorherbestimmt. Er selbst erschafft sich sein eigenes Selbst. Diese Freiheit ist seine Herrlichkeit, aber wenn wir wollen, können wir eine Katastrophe daraus machen. Für die meisten Menschen endet diese Freiheit im Unglück, denn verborgen im schöpferischen Potenzial, stecken auch die Möglichkeit und die Freiheit zu zerstören. Und die meisten Menschen machen sich Letzteres zunutze, da das Zerstören leichter fällt als das Erschaffen. Was könnte leichter sein, als dich selbst zu zerstören? Dazu reicht es schon, nicht selbst schöpferisch zu sein. Mehr ist dazu nicht nötig. Wer sich im Leben nicht aufschwingt, fällt unbewusst und unabsichtlich zurück und nach unten.

Ich habe gehört... Eine Gruppe von Leuten diskutierte einmal, ob der Mensch das bedeutendste Lebewesen sei, da er alle anderen Spezies unterwerfen könne. Doch manche widersprachen und meinten, der Mensch stehe sogar noch unter den Hunden, da diese den Menschen an Selbstkontrolle überträfen.

Zufällig war bei dieser Debatte auch Hussain anwesend, und so baten ihn beide Parteien, ihren Streit zu entscheiden. Hussain sagte: „Ich werde euch sagen, was ich denke, und dann könnt ihr daraus eure eigenen Schlüsse ziehen. Solange ich meinen Verstand und mein Leben für edles Tun einsetze, stehe ich den Göttern näher. Sollten jedoch mein Verstand und mein Leben sündhaft werden, steht selbst ein Hund noch weit über tausend Hussains."

Der Mensch ist eine Kombination aus Sterblichem und Unsterblichem. Wer ein Sklave seines Körpers und seiner Triebe ist, stürzt unaufhörlich ab. Wer sich jedoch auf die Suche nach dem Unsterblichen macht, wird zu *Sat-Chit-Anand* finden – zu Wahrheit. Bewusstsein, Seligkeit… und letztlich wird er dazu werden.

19

Zum Leben findest du nur, indem du erkennst, was in deinem Innern ist. Jemand, der das nicht weiß, wird sich ständig vom Tod und der Todesangst bedroht fühlen.

Ein Wahrheitssucher wurde einmal von einem Freund gefragt: „Was würdest du tun, wenn dich ein paar Bösewichte angreifen?" Er erwiderte: „Ich würde mich in meine innere Festung zurückziehen und dort bleiben."
Seine Feinde hörten davon. Eines Tages umzingelten sie ihn an einem gottverlassenen Fleck und sagten: „So, mein Herr, verrat uns bitte: Wo steht deine Festung eigentlich?" Der Sannyasin musste von Herzen lachen und sagte dann, indem er seine Hand aufs Herz legte: „Dies ist meine Festung. An die kommt keiner ran. Der Körper ist zerstörbar, aber niemals das, was in ihm ist. Das ist meine Burg. Meine Sicherheit besteht darin, dass ich den Weg dahin kenne."

Jemand, der nichts von der Existenz dieser Burg weiß, dessen ganzes Leben ist unsicher. Wer diese Burg nicht kennt, wird sein Leben lang von Feinden belagert sein. Für ihn gibt es keine friedliche und sichere Zuflucht. Alle, die diesen Ort irgendwo da draußen finden wollen, suchen umsonst, da er nun mal *in* dir liegt. Du beginnst erst dann das Leben zu erkennen, wenn du in deinem Innern zur Ruhe kommst; jenseits davon existiert nur der Tod.

20

Nur die Anspruchslosen sind wohlhabend. Wünsche machen dich arm und ein von Wünschen belagerter Geist wird zum Bettler. Ständig bittet er um dieses oder jenes. Du bist erst dann wohlhabend, wenn du keinerlei Ansprüche mehr stellst.

Der große Weise Kanad bekam seinen Namen, weil er sich immer von der kana ernährte, der Weizenkleie, die nach der Ernte der Bauern am Boden liegen blieb. Wer könnte noch ärmer sein?
Als der König des Landes von seiner Not hörte, schickte er seinen Minister mit einer Fülle von teurem Proviant zu ihm. Als der Minister eintraf, sagte der große Weise zu ihm: „Ich habe alles, was ich zum Leben brauche. Verteile diesen Reichtum unter denen, die es brauchen."
Dies wiederholte sich drei Mal.
Schließlich brach der König selbst zu dem Weisen auf, reich beladen mit Proviant. Er bat den Weisen, ihn anzunehmen, der aber sagte: „Gib denen, die gar nichts haben. Sieh doch, ich habe alles."
Der König sah sich um und fragte sich, wie ein Mann, der nichts als ein Lendentuch am Leibe trug, behaupten konnte, alles zu haben!
Heimgekehrt, erzählte er die ganze Geschichte seiner Frau. Sie sagte: „Du hast es verkehrt gemacht. Du darfst dem Weisen nichts aufdrängen – geh besser zu ihm, um etwas

zu bekommen. Nur diejenigen, die etwas in ihrem Innern haben, können auf alle Äußerlichkeiten verzichten."
Noch am selben Abend kehrte der König wieder zum großen Weisen zurück und bat ihn um Vergebung.
Kanad erwiderte ihm: „Sieh doch, wer von uns beiden arm ist! Sieh mich an und dann dich selbst – nicht außen, sondern innen. Ich bitte um nichts, ich wünsche nichts – und gerade das hat mich unbeabsichtigt zum Kaiser gemacht."

Es gibt nicht nur einen äußeren Reichtum, sondern auch einen inneren Reichtum. Der äußere wird einem früher oder später weggenommen. Darum sprechen die Weisen nicht von Reichtum, sondern von Unglück. Ihre Suche gilt dem was innen ist. Ist das gefunden, kann es nie wieder verloren gehen. Dies ist das einzig wirklich Erstrebenswerte. Bei allen anderen Dingen – selbst wenn du sie hast, hört die Forderung nach mehr niemals auf. Aber sobald du den inneren Reichtum gefunden hast, gibt es nichts mehr zu erreichen.

Ein von Wünschen belagerter Geist wird zum Bettler.

21

Diejenigen, die Gott suchen, so als wäre er eine Art Objekt oder Ding, wissen offenbar nicht, was sie tun. „Gott" ist kein Ding, sondern eine Bezeichnung für die höchstmögliche Erfahrung von Licht, Seligkeit und Todlosigkeit. „Gott" ist auch keine Person, die irgendwo da draußen zu finden wäre, sondern einfach die höchstmögliche Verfeinerung deines eigenen Bewusstseins.

Ein Mystiker wurde einmal gefragt: „Wenn es einen Gott gibt, warum ist er dann unsichtbar?"
Der Mystiker erwiderte: „Gott ist kein Objekt, sondern eine Erfahrung. Ihn zu sehen, ist völlig ausgeschlossen, aber du kannst ihn durchaus erfahren."
Dies aber schien dem Fragenden nicht zu genügen; seine Augen verrieten, dass die Frage ihn immer noch beschäftigte. Da ergriff der Mystiker einen großen Stein, der in der Nähe lag, und stieß damit gegen sein Bein, so dass eine große Platzwunde entstand, aus der das Blut hervorzuquellen begann.
Der Mann rief: „Was hast du getan? Weißt du nicht, wie das schmerzt? Was soll das?"
Da musste der Mystiker laut lachen und er sagte: „Der Schmerz ist zwar unsichtbar, aber er existiert. Die Liebe ist unsichtbar und dennoch existiert sie. Gott ebenso."

Nicht nur das Sichtbare, sondern auch das Unsichtbare

existiert. Und das Unsichtbare ist tiefgründiger als das Sichtbare; denn um es zu erfahren, musst du in die Tiefen deines eigenen Seins tauchen. Erst dann besitzt du die nötige Empfänglichkeit um es zu berühren und zu erfahren. Gewöhnliche Augen können es nicht erkennen, vielmehr musst du dir eine eindringliche, erfahrende Empfindungsfähigkeit aneignen. Nur dann wird es offenbart. Hast du es einmal gefunden, gibt es nichts mehr zu finden. Und erst dann verstehst du, dass es nichts äußerlich Sichtbares ist, sondern etwas Inneres, das im Sehenden selbst verborgen liegt.

Es gilt nicht Gott ausfindig zu machen, sondern darum ihn auszugraben. Alle, die ständig in sich selbst weitergraben, erfahren „Gott" als die ursprüngliche Quelle – und das höchstmögliche Erblühen ihres eigenen Seins.

Gott ist keine Person, die irgendwo da draußen zu finden wäre.

22

Vergiss nicht: Unbewusstheit ist das Einzige, was ich „Sünde“ nenne. Im Zustand wachen Bewusstseins ist es genauso unmöglich zu sündigen, wie du deine Hand absichtlich und bewusst ins Feuer halten kannst. Wer die Kunst der Bewusstheit erlernt hat, wird spontan religiös.

Folgende Episode aus dem Leben des Mystikers Bheekan: Als er eines Abends einen Diskurs hielt, saß ein Zuhörer, er hieß Aso, schlafend in der ersten Reihe.
Bheekan fragte ihn: „Aso, schläfst du?“
Aso schlug die Augen auf und erwiderte: „Nein, Verehrtester, niemals!“ – und schlief sofort wieder ein.
Bheekan fragte ihn wieder: „Aso, schläfst du?“ – und erhielt wieder zur Antwort: „Nein, Verehrtester, niemals!“
Wann hätte einer, der tief schläft jemals die Wahrheit gesagt? Und selbst wenn er es wollte – wie könnte er? Erneut versank Aso im Tiefschlaf. Doch was Bheekan ihn nunmehr fragte, war wirklich überraschend, etwas Vieldeutiges: Jeder sollte sich diese Frage auch stellen; sie ist der Ursprung aller metaphysischen Fragen. Er fragte laut: „Aso, lebst du?“
Natürlich war Aso eingeschlafen. In seinem Tran muss er gedacht haben, dass es wieder dieselbe Frage war. Im Schlaf müssen ihm die Wörter „träumst“ und „lebst“ ähnlich geklungen haben! Sich die Augen reibend erwiderte er: „Nein, Verehrtester, niemals!“ Aus Versehen war ihm diesmal die richtige Antwort entschlüpft!

Wer schläft, ist so gut wie tot. Wie sollte man denn zwischen dem Tod und einem unbewussten und trägen Leben unterscheiden können? Nur wer wach ist, lebt. Und solange wir noch nicht wach und intelligent sind, sind wir noch nicht lebendig.

Jeder, der zum Leben finden möchte, wird seine Schläfrigkeit und Unbewusstheit abschütteln müssen. Im Allgemeinen schlafen wir – und fühlen, denken und tun alles nur unbewusst. Wir führen alles aus, als würde ein anderer uns dazu zwingen, so als würde es in tiefer Hypnose geschehen. Wach sein heißt, dass nichts von dem, was in deinem Geist und Körper vor sich geht, unbewusst geschieht – dass alles, was geschieht, in voller Aufmerksamkeit und Wachheit geschieht. Wenn es soweit ist, wird Schlechtes unmöglich und Gutes geschieht spontan.

Nur wer wach ist, lebt.

23

Wenn der Morgen dämmert, akzeptiere ich den Morgen, und wenn es Abend wird, akzeptiere ich den Abend. Licht hat seine eigene Seligkeit, und die Dunkelheit hat auch ihre eigene Seligkeit. Nachdem ich dies verstand, bin ich nie wieder unglücklich gewesen.

Ein Mystiker verließ sein Kloster. Als er zurückkehrte, erfuhr er, dass sein einziger Sohn gestorben und der Beerdigungszug soeben aufgebrochen war. Er war wahnsinnig vor Kummer. Warum hatte man ihn nicht benachrichtigt? In blinder Wut rannte er hinaus zur Verbrennungsstätte. Er sah von fern, dass sein Meister neben der Leiche herging. Er lief zu ihm und klammerte sich an ihn, der Gram raubte ihm schier das Bewusstsein.

Dann flehte er ihn an: „Bitte sag mir ein paar tröstliche Worte. Ich verliere den Verstand."

Der Meister sagte: „Wozu Worte machen? Erkenne die Wahrheit selbst. Es gibt keinen größeren Trost als das." Und indem er den Sargdeckel hob, sagte der Meister: „Sieh hin! Erkenne, was ist."

Er sah hin. Seine Tränen versiegten. Der Leichnam lag vor ihm; er sah unverwandt hin, bis in ihm eine Erkenntnis dämmerte: Was ist, ist. Was gibt es da zu lachen oder zu weinen? Wenn das Leben eine Wirklichkeit ist, dann ist auch der Tod eine Wirklichkeit. Was ist, ist. Wer es gern anders hätte, macht sich nur unglücklich.

Einmal war ich sehr krank. Die Ärzte hatten Angst, und als ich in die verquälten Augen meiner Lieben sah, fand ich das wirklich zum Lachen: Ich selbst brannte nämlich darauf, den Tod kennenzulernen. Der Tod blieb zwar aus, doch dafür lernte ich eine Wahrheit kennen: Was wir akzeptieren, das kann uns nicht unglücklich machen.

Licht hat seine eigene Seligkeit, und ebenso hat die Dunkelheit ihre eigene Seligkeit.

24

Ich ging einmal in einem Leichenzug mit und sagte zu den Leuten dort: „Ihr seid blind, wenn ihr nicht erkennt, dass dies euer eigener Leichenzug ist. Was mich betrifft, so erkenne ich mich in dem Leichnam dort wieder – bis obenhin eingewickelt. Wenn ihr das so sehen könntet, wäre euer ganzes Leben anders."

Wer seinen eigenen Tod erfahren hat, dessen Fokus verschiebt sich – von der Welt auf die Wahrheit.,

Scheich Sadi schreibt: In grauer Vorzeit wurde an der Küste von Dajla ein Wanderer von einem Totenschädel mit den Worten angesprochen: „Oh Geliebter, kannst du nicht etwas aufmerksamer laufen! Einst besaß ich ein Königreich und trug eine Krone. Ein Sieg reihte sich an den anderen und mir war, als könnte ich auf der Luft laufen. In dieser Unbewusstheit verirrte ich mich. Dann war dies alles irgendwann plötzlich vorbei. Ich wurde zum Fraß der Würmer und jeder Fuß, der hier vorbeikommt, trampelt auf mir herum. Zieh die Watte aus deinen Ohren, auf dass du die Lehre vernimmst, die dir die Stimme des Toten überbringt."

Worin besteht jene Lehre, die die Stimme des Toten überbringt? Und vernehmen wir sie jemals? Wer immer sie vernimmt, dessen Leben wird transformiert werden.

Der Tod ist mit der Geburt verknüpft. Und zwischen Geburt und Tod spielt sich nicht etwa ein Leben, sondern nur ein Scheinleben ab. Wie könnte es Leben sein, wo das Leben doch unsterblich ist? Die Geburt hat ein Ende, aber nicht das Leben. Und der Tod hat einen Anfang, aber das Leben nicht. Das Leben ist jenseits von beidem. Und alle, die dies nicht wissen, sind nicht lebendig, auch wenn sie leben mögen. Und alle, die es erkannt haben, sterben nicht – selbst nicht nach dem Tod.

25

Solange du dich selbst noch nicht von deinen mechanischen Gedankengängen befreit hast, ist es völlig zwecklos in Tempeln und Andachtstätten zu sitzen – die Gebetsperlen in deinen Händen sind allesamt unecht. Nur wer den Wellengang seiner Gedanken zu glätten vermag, ist im Tempel – wo immer er auch sein mag! Und dann ist jede Arbeit, die er macht, ein Gebet.

Jemand sagte einmal zu einem Mystiker: „Meine Frau will einfach nichts von Religion wissen. Könntest du sie ihr bitte mal näherbringen? Das wäre wirklich freundlich."
Am nächsten Morgen ging der Mystiker zum Haus des Mannes. Er fand die Frau draußen im Garten. Der Mystiker erkundigte sich nach ihrem Mann, und sie erwiderte: „So viel ich weiß, muss er im Moment in irgendeinem Schusterladen rumfeilschen!"
Der Dunst der Morgendämmerung lag noch in der Luft – der Ehemann war im Tempel nebenan eifrig mit seinen Gebetsperlen zugange. Doch eine so hanebüchene Lüge konnte er nicht ertragen. Sofort kam er und sagte: „Das ist glatt gelogen! Ich war in meinem Tempel."
Selbst der Mystiker war überrascht, aber die Frau sagte: „Ach, wirklich? Du hieltst deine Gebetsperlen in Händen, dein Körper saß im Tempel, aber warst du in Gedanken nicht ganz woanders?"
Der Ehemann lenkte ein. Es stimmte; während ihm die

Perlen durch die Finger glitten, war er zum Schuster gegangen. Er brauchte neue Schuhe, und den Abend zuvor hatte er seiner Frau erzählt, dass er sich gleich am nächsten Morgen welche kaufen wollte. Und in seinen Gedanken hatte er schon begonnen, um den Preis zu feilschen und sich zu streiten.

Lass deine Gedanken los, sei ohne Gedanken, dann wird Gott für dich da sein, wo immer du bist. Wo willst du ihn denn suchen gehen? Und wie willst du nach etwas suchen, das du noch gar nicht kennst? Es ist nicht zu finden, indem du danach suchst, sondern indem du Frieden in dir selbst stiftest. Bislang hat es noch niemand gefunden; es kommt vielmehr zu jedem, der es angemessen einlädt – ganz von sich aus. Zum Tempel zu laufen ist zwecklos. Alle, die sich auskennen, werden selbst zu Tempeln.

26

„Wer bin ich?" Wer sich diese Frage nicht stellt, dem bleibt das Tor zur Weisheit verschlossen. Sie ist der einzige Schlüssel zu diesem Tor. Frage dich: „Wer bin ich?" Wer dies nachdrücklich und rückhaltlos fragt, der empfängt die Antwort aus dem eigenen Innern.

Carlyle war gealtert; sein Körper hatte achtzig Lenze gesehen. Sein einst so schöner und gesunder Körper war jetzt am abbauen und klapprig: Die Anzeichen des hohen Alters waren unübersehbar. Hier ein Vorfall aus einem Vormittag in seinem hohen Alter:
Carlyle hatte ein Bad genommen. Während er sich nun den Körper abtrocknete, wurde ihm plötzlich klar, dass der Körper, den er als seinen gekannt hatte, schon längst nicht mehr da war! Sein Körper war ein völlig anderer geworden. Wo war der Körper hin, den er so sehr geliebt hatte? Der Köper, auf den er so stolz gewesen war, lag jetzt in Ruinen. Doch gleichzeitig ging ihm ein vollkommen anderes Licht auf: „Obwohl mein Körper nicht mehr derselbe ist, bin ich immer noch derselbe! Ich hab mich nicht geändert." Daraufhin fragte er sich: „Ach, wer zum Teufel bin ich dann?"
Jeder muss sich diese Frage stellen. Dies ist die wahre Frage, die Frage aller Fragen. Alle, die diese Frage nicht stellen, wollen im Grunde nichts wissen. Und wie können sie, wenn sie die Frage nicht einmal stellen, eine Antwort erwarten?

Stell sie – lass das Echo dieser Frage in deiner innersten Tiefe widerhallen: „Wer bin ich?" Wer so fragt – mit all seiner Lebenskraft fragt – der bekommt garantiert die Antwort. Und mit dieser Antwort verändert sich die gesamte Richtung und Bedeutung seines Lebens. Bis dahin ist der Mensch blind. Erst danach kann er sehen.

„Wer bin ich?"

27

Schon ein einziger Strahl der Wahrheit genügt. Schon ein Aufblitzen der Wahrheit wiegt auf, was selbst das Gewicht aller heiligen Schriften nicht vermag. Selbst dicke Bibeln über das Licht können nicht helfen, Licht ins Dunkel zu bringen. Du brauchst nur ein Lämpchen anzuzünden.

Unter den Zuhörern von Ralph Waldo Emersons Vorträgen tauchte stets eine alte Wäscherin auf. Alle staunten, sie dort zu sehen – was sollte eine arme, ungebildete Frau schon mit Emersons ernsten Ausführungen anfangen können? Schließlich fragte jemand sie, was sie davon verstünde.
Die Antwort der alten Wäscherin war wirklich verblüffend: „Was könnte ich dir sagen, was ich nicht verstehen kann? Eines jedenfalls habe ich sehr gut verstanden, aber ich weiß nicht, ob auch andere dies verstanden haben. Ich bin ungebildet, aber dies Eine genügt mir vollauf – es hat mein ganzes Leben verändert. Was das ist? Dass selbst ich, eine arme, ungebildete Frau, nicht so weit weg von Gott bin. Gott ist ganz nah! Nicht nur nah, sondern tatsächlich in unserem Innern. Diese winzige Wahrheit hab ich verstanden, und jetzt kann ich mir nicht vorstellen, wie es noch eine größere Wahrheit geben könnte als diese!"

Nicht dadurch wird das Leben verwandelt, dass man eine Menge Fakten kennt, sondern vielmehr durch eine winzige

Wahrheitserfahrung. Wer eifrig darauf bedacht ist, sich viel Wissen anzueignen, entdeckt oft, dass ihm jener winzige Funke von Wahrheit fehlt, der zur echten Verwandlung führt – und der einem neue Dimensionen von Weisheit im Leben offenbart.

Selbst dicke Bibeln über das Licht können nicht helfen, Licht ins Dunkel zu bringen.

28

Ich habe gehört, dass Christus die Toten aus ihren Gräbern erweckt und ihnen das Leben geschenkt hat. Ein Mensch, der sich nur für seinen Körper hält, ist im Grab und nirgendwo anders. Erst wenn er erkennt, dass die Seele dem Körper überlegen ist, steht er auf von den Toten und beginnt zu leben.

In einem uralten ägyptischen Kloster war ein Mönch gestorben. Man versenkte ihn in eine tiefe unterirdische Krypta. Glücklicher- bzw. unglücklicherweise war er jedoch gar nicht tot, so dass er dort unten irgendwann wieder zu sich kam – inmitten von Toten. Man kann sich sein Entsetzen und seine Seelenqual kaum vorstellen. In jener dunklen Höhle voller Tod und Gestank, wo zahllose Leichen verwesten, war er lebendig! Nirgendwo ein Ausgang und keinerlei Hoffnung, dass irgendein Laut nach draußen drang.
Was tat er? Starb er vor Durst und Hunger? Ließ er seine Bindung an dieses Leben fahren, das schlimmer war als der Tod und überließ sich kampflos seinem Schicksal? Nein, dafür sitzt unsere enorme Lebensgier viel zu tief. Der Mönch versuchte, in dieser Umgebung zu überleben. Er aß Würmer und Insekten. Er leckte das schmutzige Wasser auf, das von den Wänden der Krypta tropfte, lebte weiter. Er nahm die Kleider der Leichen und bedeckte sich damit, auch im Schlaf. Und er betete unentwegt, dass einer seiner

Mitbrüder starb, denn nur wenn jemand starb, würde man die Türen seines dunklen Gehäuses öffnen. Jahre vergingen. Er hatte jegliches Zeitgefühl verloren. Bis eines Tages jemand starb und die Gruft geöffnet wurde und man ihn lebend fand. Sein Bart war schlohweiß und so lang geworden, dass er bis zum Boden ging. Und als man ihn herauszog, beeilte er sich, noch die Kleider von den Toten und die Münzen mitzunehmen, die er in ihren Taschen gefunden hatte.

Ist es etwas, das in der Vergangenheit geschah oder ein Spiegel unseres eigenen Lebens? Wiederholt sich diese Situation nicht auch in unser aller Leben, hier und jetzt? Wenn ich mich umschaue, sehe ich, dass wir alle einander den Tod wünschen. Wir alle leben unter Leichen ohne Aussicht zu entrinnen. Auch wir entreißen anderen Leichen Kleider und Geld, und ernähren uns von Würmern und Insekten. Und alles wegen unserer blinden Lebensgier.

Ein von blinder Lebensgier getriebener Mensch kann das wahre Leben nicht erfahren. Nur wer von dieser Umnebelung frei ist, erkennt das Leben. Merke dir, dass ein von Gier angetriebenes Bewusstsein sich einfach nur im Grab befindet, nirgendwo sonst.

29

Für eine Blume ist die ganze Welt eine Blume. Und für Dornen ist sie Dornen. Andere scheinen dasselbe zu sein wie man selbst. Wie ist es möglich, etwas in anderen zu sehen, das es nicht bereits in dir selbst gibt? Wir können die ganze Welt nach Schönheit absuchen, aber wenn sie nicht in uns selbst existiert, ist es unmöglich, sie woanders zu finden.

Ein Fremder kam einmal in ein Dorf. Er fragte einen alten Mann, der am Eingang des Dorfes saß: „Sind die Leute in diesem Dorf freundlich und nett?" Statt direkt auf die Frage zu antworten, fragte der Alte den Fremden: „Mein Freund, wie sind denn die Leute, wo du herkommst?" Der Fremde erwiderte traurig und erbost: „Sehr grausam, gemein und ungerecht. Nur sie sind an allen meinen Problemen Schuld. Aber warum fragst du mich dies?"
Der Alte schwieg eine Weile und sagte dann: „Freund, so Leid es mir tut, aber hier sind die Leute genauso. Du wirst sie genauso empfinden."
Kaum war der Fremde gegangen, traf ein weiterer Reisender ein und stellte dieselbe Frage: „Was für Menschen leben hier?"
Der Alte erwiderte: „Freund, sag mir erst, was für Menschen dort leben, wo du herkommst?"
Auf diese Worte hin geriet der Fremde regelrecht ins Schwärmen und in seine Augen traten Freudentränen. Er

sagte: „Ach! So liebevoll und so freundlich! Nur ihnen verdanke ich all meine Freuden. Ich wünschte, ich hätte sie nie verlassen müssen!"
Da sagte der Alte: „Freund, die Leute hier sind ebenfalls sehr liebevoll. Du wirst sie hier nicht weniger freundlich empfinden, sie sind genauso wie deine Leute. Es gibt nicht viel Unterschied zwischen den Menschen."

Die Welt ist ein Spiegel. Was wir in anderen sehen, ist nichts weiter als unser eigenes Spiegelbild. Bis einer in jedem Güte und Schönheit erkennen kann, sollte er wissen, dass bei ihm selbst noch nicht alles zum Besten steht.

30

Es ist nutzlos zu versuchen, dem Leben das Dunkle zu nehmen, da das Dunkle nicht wegzunehmen ist. Wer das erkannt hat, versucht nicht, das Dunkle loszuwerden – er zündet einfach ein Licht an.

Es gibt eine uralte Sage – aus der Zeit, als der Mensch noch kein Licht, kein Feuer hatte, als die Nächte eine einzige Qual waren. Die Leute dachten sich alle möglichen Tricks aus, wie sie die Dunkelheit loswürden, aber keiner davon funktionierte. Der eine sagte: „Singt Mantras!", also wurden Mantras gesungen. Ein anderer schlug vor zu beten, also streckten alle die Arme zum leeren Himmel und beteten. Aber die Dunkelheit wollte nicht weichen. Sie blieb da.
Schließlich schlug ein junger Denker und Erfinder vor: „Lasst uns das Dunkel in Körbe packen und es in der Erde vergraben. Das wird das Dunkel immer mehr schwächen, bis es irgendwann nicht mehr da ist."
Das klang sehr logisch, also verbrachten die Leute ihre Nächte damit, Körbe mit Dunkel zu füllen und in Gräben zu schütten. Doch als sie nachschauten, hatte sich nichts geändert. Sie fanden das langweilig und hatten es satt. Aber inzwischen war es Sitte, das Dunkel fortzuwerfen, also musste jeder mindestens einen Korb Dunkel pro Nacht vergraben.
Da verliebte sich ein junger Mann in eine Fee und sie ließen sich trauen. Noch in der Hochzeitnacht verlangten

die Alten im Hause von der Braut, mindestens einen Korb voll Dunkel in den Graben zu werfen. Die Fee aber lachte sie aus. Dann drehte sie aus etwas weißem Stoff einen Docht, goss Butter in eine irdene Schale und rieb zwei Steine aneinander. Die Leute konnten ihren Augen nicht glauben: Sie wurden Zeuge, wie Feuer gemacht wurde! Die Lampe brannte, und das Dunkel hatte sich ganz weit zurückgezogen! Von dem Tag an hörten die Leute auf, das Dunkel zu vergraben, da sie gelernt hatten, wie man eine Lampe anzündet.

Doch was das Leben angeht, verstehen die meisten von uns immer noch keine Lampe anzuzünden, und vertun stattdessen ihre Chance damit, gegen das Dunkel anzukämpfen – und zwar die Chance, zum göttlichen Licht zu finden. Sei von der Sehnsucht erfüllt, das Göttliche zu finden, und das Dunkel wird dich ganz von selbst verlassen. Wenn du weiterhin das Dunkel bekämpfst, versinkst du nur immer tiefer und tiefer darin. Mach aus deinem Leben einen positiven Aufstieg und keine negative Flucht. Dies ist der goldene Schlüssel zum Erfolg.

31

Wir behandeln das Leben wie einer, der seine Augen vor der Sonne zumacht. Ist es da verwunderlich, wenn unsere Füße über Gräben stolpern? Es gibt nichts Schlimmeres als die Augen zu verschließen. Sobald wir die Augen aufmachen, verschwindet alles Dunkel.

Das erinnert mich an einen Sannyasin, der übel gefoltert wurde, was aber nicht seinen Frieden zerstörte. Unerträgliches hatte er zu erleiden, aber niemand konnte seine Seligkeit zerstören. Selbst noch mitten in der Folter blieb er heiter und klang seine Stimme trotz aller Misshandlung völlig liebenswürdig. Jemand fragte ihn: „Woher nimmst du diese übernatürliche Kraft?"
Er erwiderte: „Übernatürlich? Das hat nichts Übernatürliches. Ich hab nur gelernt, meine Augen zu gebrauchen. Ich bin kein Blinder mehr mit Augen im Kopf."

Aber was haben die Augen mit Frieden, Erhabenheit und Toleranz zu tun? Derjenige, mit dem er sprach, begriff nicht. Um ihm nachzuhelfen, wiederholte der Sannyasin: „Wenn ich zum Himmel aufschaue, erkenne ich, dass das Erdenleben sehr fließend und traumartig ist. Wie soll mir also das Verhalten von träumenden Leuten etwas anhaben können? Wenn ich in mein Inneres schaue, merke ich, dass niemand dem Ewigen und Unzerstörbaren schaden kann. Und wenn ich mich so umsehe, bemerke ich, wie viele

Herzen mich lieben und mir freundlich und liebevoll begegnen, obwohl ich ihre Liebe gar nicht verdiene. Wenn ich all dies sehe, steigt in meinem Herzen ein Gefühl tiefer Freude und Dankbarkeit auf. Und wenn ich hinter mich blicke, sehe ich viele Menschen, die bitter leiden müssen, sodass sich mein Herz mit Liebe und Mitgefühl füllt. Also empfinde ich Frieden und Dankbarkeit, bin selig und voller Liebe. Ich habe gelernt, meine Augen zu gebrauchen, guter Freund. Ich bin nicht blind."

Und wieviel Kraft schenkt es, nicht blind zu sein! Heiligkeit heißt nichts anderes als seine Augen zu gebrauchen. Genau das bedeutet Religiosität.

Augen sind dazu da, die Wahrheit zu sehen. Wach auf – und sieh! Wer Augen hat, sie aber verschlossen hält, streut die Saat seines eigenen Unglücks aus.

32

Im Leben vollzieht sich die Umkehr zur Wahrheit im Nu. Schon ein kurzer Einblick in die Wahrheit genügt, und alles verändert sich sofort – nicht allmählich. Die Horizontale existiert nur, wo es an Selbst-Bewusstheit fehlt; andernfalls wird das Leben vertikal transformiert – sprungartig, wie ein Blitz.

Ein paar Leute brachten einmal einen Mann zu mir, damit ich ihm helfe. Er hatte sich eine Unsitte angewöhnt, und seine Lieben wollten, dass er sie aufgab, weil sie sein Leben zerstörte.
Ich fragte ihn: „Wie siehst du das?"
Er sagte: „Allmählich werde ich das schon aufgeben."
Als ich das hörte, lachte ich und sagte zu ihm: „Allmählich aufgeben heißt nichts. Wenn du in ein Feuer fällst, würdest du langsam rausspringen? Und was würde es heißen, dass du versuchen würdest, allmählich da rauszukommen? Wäre das nicht der klare Beweis, dass du das Feuer gar nicht siehst?"
Und ich erzählte ihm folgende Geschichte: Ein reicher, junger Mann war jedes Mal tief beeindruckt, wenn er zu Füßen von Paramhansa Ramakrishna saß. Eines Tages brachte er ihm eintausend Goldmünzen als Opfer. Ramakrishna sagte: „Geh zum Ganges und opfere ihm diesen Mist." Was blieb ihm anderes übrig als hinzugehen und sie dem Ganges zu opfern. Aber es dauerte endlos lange, ehe

er zurückkehrte; denn er zählte jede einzelne Münze, bevor er sie hineinwarf. Eins, zwei, drei... Eintausend. Als Ramakrishna davon erfuhr, sagte er zum ihm: „Zu etwas, das du in einem einzigen Schritt erledigt hättest, brauchtest du unnötigerweise eintausend Schritte."

Wenn du die Wahrheit erkannt und erfahren hast, brauchst du auf nichts *allmählich* zu verzichten. Die Erkenntnis der Wahrheit selbst wird zum Verzicht. Wo Unwissenheit nicht mit tausend Schritten hingelangen kann, dorthin gelangt die Erfahrung mit einem einzigen Schritt.

Schon ein kurzer Einblick in die Wahrheit genügt, und alles verändert sich sofort!

33

Wenn jemand etwas erreicht, indem er sich selbst verliert, ist das ein teures Vergnügen: Er hat Diamanten gegen Steine getauscht. Wenn einer es schafft sein Selbst zu bewahren, auch wenn er dafür alles hergeben musste, ist er viel intelligenter.

Einst ging die Villa eines steinreichen Mannes in Flammen auf. Mithilfe seiner Diener brachte er alles in Sicherheit: Stühle, Tische, volle Kleiderschränke, Geschäftsbücher und Akten, Geldschränke… und alles, was sich sonst noch im Haus befand. Inzwischen brannte das Haus weiter. Sein Besitzer stand mit dem ganzen Hausstand davor.
Benommen, mit Tränen in den Augen, sah er zu, wie sein geliebtes Heim zu Asche wurde. Schließlich erkundigte er sich bei den Dienern: „Ist irgendwas drinnen geblieben?" Man erwiderte: „Nein, aber um sicherzugehen, schauen wir besser noch einmal nach."
Kaum waren sie drinnen, fanden sie den einzigen Sohn des Hausherrn in seinem Zimmer liegen. Alles war völlig verbrannt und der Sohn war tot. Geschockt von dem Anblick rannten sie hinaus, hauten sich bitterlich weinend auf den Brustkorb und klagten: „Ach was waren wir nur für Narren! Wir haben zwar alle weltlichen Güter gerettet, dabei aber den Herrn all dieser Güter ganz vergessen. Wir haben seinen Besitz in Sicherheit gebracht und darüber den Besitzer verloren!"

Kommt uns das nicht irgendwie bekannt vor? Werden wir nicht irgendwann dasselbe sagen müssen? „Wie schade! Während ich damit beschäftigt war, Gott weiß was für wertloses Zeug zu retten, habe ich dessen Herrn verloren – hab mich selbst verloren!" Es gibt keine größere Katastrophe im Leben eines Menschen, aber hier und da gibt ein paar gesegnete Menschen, die es schaffen, diesen Fehler zu vermeiden.

Vergiss nie, dass es nichts Höheres gibt als dein eigenes Selbst. Wer das gewinnt, gewinnt alles. Und wer das verliert, mag sonst alles Mögliche gewonnen haben, es hat überhaupt keinen Wert.

34

Was dich im Leben selig macht, beruht auf deiner Einstellung. Es steckt in dir. Es liegt an dir. Es steckt nicht in dem, was du bekommst, sondern wie du es siehst. Genau dort liegt es verborgen.

Ich habe gehört…
Irgendwo wurde ein Tempel gebaut. Drei Arbeiter behauten in der Sonne Steine, und ein Vorbeikommender fragte sie: „Was macht ihr da?“ Der erste Mann erwiderte: „Steine behauen.“ Er hatte nichts Falsches gesagt, aber in der Art, wie er es sagte, verriet seine Stimme, wie schwer ihm das fiel und wie sehr er litt. Wie sollte einem Steine behauen auch Spaß machen? Dann arbeitete er schweren Herzens weiter.
Der Frager sah den zweiten Mann an, der antwortete: „Ich verdien' mir mein Brot.“ Und auch das war nicht gelogen. Doch wenn er auch nicht traurig wirkte, war auch in seinen Augen keine Spur von Freude. Freilich, sein Brot muss man sich im Schweiße seines Angesichts verdienen – wie sollte es also Spaß machen?
Nun kam der dritte Mann an die Reihe, der gerade ein Lied sang. Er hörte auf zu singen und sagte: „Ich baue hier einen Tempel.“ Seine Augen leuchteten und sein Herz sang. Wer einen Tempel baut, kann sich in der Tat gesegnet fühlen. Und gibt es etwas Freudvolleres, als zu erschaffen?
Alle drei Antworten gelten auch fürs Leben. Welche du

wählst, hängt völlig von dir ab. Und der Sinn und Zweck deines Lebens hängt davon ab, welche du wählst. Das Leben ist so, aber alles ändert sich durch die Einstellung. Je nach Einstellung werden Blumen zu Dornen oder Dornen zu Blumen.

Seligkeit ist überall zu finden, aber nicht jeder hat das Herz, das er braucht, um daran teilzuhaben. Und noch keiner hat jemals Seligkeit gefunden, bevor er sein Herz darauf vorbereitet hat, an ihr teilzuhaben. Das hat nichts mit besonderen Plätzen oder Umständen zu tun, vielmehr vermag das nur derjenige, der den richtigen Gefühlszustand erlangt hat, um Seligkeit zu empfinden – und zwar unter beliebigen Umständen und egal wo.

35

Wer auf dieser Welt wünschte nicht Frieden? Aber die Leute sind sich dessen gar nicht bewusst und halten nicht Ausschau nach Quellen, die Frieden schenken. Unser Innerstes sehnt sich nach Frieden, aber was wir auch tun – es macht uns zusehends unruhiger. Vergiss nicht: Ehrgeiz ist die Wurzel von Unruhe. Wer somit Frieden sucht, muss sich vom Ehrgeiz trennen. Friede beginnt da, wo der Ehrgeiz aufhört.

Joshua Liebmann schreibt: „Als junger Mann voller Flausen im Kopf listete ich einmal alles auf, was mir auf Erden am begehrenswertesten schien und das es zu erfüllen galt: Gesundheit, Liebe, Schönheit, Talent, Macht, Reichtum und Ruhm – und noch ein paar Kleinigkeiten, und befand, dass dies alles dem Menschen durchaus zustehe." Er legte seine Liste einem Ältesten vor und sagte zu ihm: „Wenn jemand all dies besitzt, würde er einem Gott gleichen."
Er bemerkt dazu: „In den Augenwinkeln meines alten Freundes sah ich, wie immer mehr amüsierte Fältchen ein geduldiges Netz aufspannten.
„Eine ausgezeichnete Liste," meinte er, tief in Gedanken versunken. „Doch mir scheint, mein junger Freund, dass du das Allerwichtigste weggelassen hast. Du hast genau das Element vergessen, ohne das jeder Besitz zu einer schrecklichen Qual wird – und deine ganze Liste zu einer unerträglichen Last."

„Und was," fragte ich, „wäre dies fehlende Element?"
Mit einem Bleistiftstummel machte er einen Strich durch meine gesamte Liste. Und dann, nachdem er meinen jugendlichen Traum mit einem einzigen Strich zerstört hatte, schrieb er drei Worte: Ein friedlicher Geist.

Suche Frieden. Aber bedenke, dass du ihn, wenn du ihn nicht in *dir* finden wirst, auch nirgendwo sonst finden kannst. Friede ist nicht etwas Äußeres, sondern etwas, das du selbst kreierst und das dich mit deiner inneren Musik verbindet, die allzeit da ist, egal in welcher Situation. Friede ist genau das Wort, um auszudrücken, dass dein innerstes Wesen musikalisch wird. Das ist nicht irgendein geistesabwesender und leerer Zustand, sondern der äußerst positive Gefühlszustand von innerer Musik.

Wer auf dieser Welt wünschte nicht Frieden?

36

Alles Wertvolle auf dieser Welt – Leben, Liebe oder Schönheit – musst du selbst entdecken. Es ist völlig ausgeschlossen, sie von irgendwem sonst zu bekommen.

Was mich an ein sehr merkwürdiges Gespräch erinnert:
Im Ersten Weltkrieg fand in einem von Toten, Sterbenden und verwundeten Soldaten überfüllten Schützengraben folgende Unterhaltung zwischen zwei Soldaten statt. Einer der beiden war dem Tod nahe. Er wusste, dass er sterben musste, dass er nicht mehr lange leben würde und sagte zu seinem Freund, der direkt neben ihm lag: „Hör zu, mein Freund. Ich weiß, du hattest kein gutes Leben. Du hast viel verbrochen und viele unverzeihliche Fehler gemacht, deren dunkle Schatten dich stets verfolgt haben. Deswegen hast du viel Leid und Schande ertragen müssen. Aber gegen mich liegt den Behörden nichts vor. Ich habe eine reine Weste. Warum übernimmst du also nicht einfach meinen Namen, meine Ausweisnummer und mein Leben, und ich übernehme deinen Namen, deine Ausweisnummer und dein Leben. So wie es aussieht, muss ich sterben. Lass mich all deine Verbrechen und Missetaten mitnehmen! Die Zeit drängt: Hier hast du meine Papiere – und du gibst mir deine!"
Was für süße Worte aus dem Munde der Liebe! Wenn dies nur möglich wäre... Könnte man je ein Leben tauschen? Namen und Papiere kann man austauschen, denn die sind

nicht das Leben. Wie kann man mit irgendwem sein Leben tauschen? Man kann weder anstatt eines anderen leben, noch kann man anstatt eines anderen sterben.
In der Tat ist niemand am selben existenziellen Punkt wie ein anderer. Es ist völlig ausgeschlossen, die Sünden oder guten Werke eines anderen auf sich zu nehmen. Das ist unmöglich. Das Leben ist nichts Austauschbares, sondern etwas, das man selbst kreieren muss, aus dem eigenen Sein heraus.

Der zweite Soldat umarmte herzlich seinen sterbenden Freund und sagte: „Bitte verzeih mir. Aber selbst wenn ich Name und Papiere von dir übernähme, wäre ich immer noch derselbe Mensch, der ich jetzt bin. Andere mögen mich dann für jemand anders halten, aber letztlich bin ich der Existenz Rechenschaft schuldig. Vertauschte Papiere werden ihre Augen nicht täuschen."

Jeder muss sein eigenes Leben kreieren, so wie jemand tanzen lernt. Das ist nicht wie Malen oder Bildhauerei. Im Leben sind Schöpfer und Schöpfung ein und dasselbe. Also kannst du dein Leben weder irgendwem zum Geschenk machen, noch es dir von irgendwem ausborgen. Leben ist unübertragbar.

37

Könnten wir doch nur friedlich werden und den Widerhall all der Wörter und Geräusche in uns zum Schweigen bringen – wir würden erkennen, worauf es im Leben wirklich ankommt. Bei der Suche nach Wahrheit brauchen wir die Augen des Friedens. Wer die Wahrheit ohne diese Augen zu finden versucht, sucht umsonst.

Zen Meister Rinzai sprach einmal zu seinen Schülern: „Im Innern eines jeden, in jedermanns Körper, liegt ein Wesen verborgen, das weder Eigenschaftswörter, Status noch einen Namen hat. Es ist dieses undefinierte Wesen, das durch die Fenster des Körpers strahlt. Alle, die es noch nie gesehen haben, sollten es jetzt tun. Sie sollten hinschauen. Seht! Freunde, schaut hin! Macht die Augen auf!"
Bei diesen Worten stand ein Mönch auf und fragte: „Wer ist dies wahre Wesen? Wer ist diese undefinierte Wesenheit?"
Rinzai stieg vom Podium herab und bahnte sich seinen Weg durch die Schar der Mönche zu dem Fragenden. Alle staunten – was hatte er vor, statt zu antworten?
Er packte den Mönch bei den Schultern und sagte: „Frag mich nochmal." Der erschrockene Mönch brachte kein Wort heraus.
Rinzai sagte: „Schau nach innen. Der da drinnen – friedlich und still – das ist das wahre Wesen. Das bist du. Erkenne es einfach. Alle Türen der Wahrheit werden sich dir öffnen, wenn du es erkennst."

Sieh bei Vollmond auf einen See: Wenn der See spiegelglatt ist, reflektiert er den Mond. Mit dem Geist ist es ebenso: Ist er wellenlos, spiegelt sich in ihm die Wahrheit. Wird dein Geist von Wellen bewegt, hält er die Wahrheit fern. Die Wahrheit ist immer in der Nähe, aber aufgrund unserer eigenen Unruhe sind wir ihr meistens nicht nah.

Ist der Geist wellenlos, spiegelt sich in ihm die Wahrheit.

38

Das Leben ist eine Seifenblase. Alle, die es nicht so sehen, ertrinken darin und gehen unter. Alle jedoch, die sich diese Wahrheit bewusst machen, fangen an nach einem Leben zu forschen, das ewig ist.

Ein Mystiker wurde einst zu Gefängnis verurteilt. Er hatte ein paar Wahrheiten geäußert, die dem Kaiser gar nicht gefielen. Ein Freund besuchte ihn dort und fragte: „Wieso hast du dich nur in so eine missliche Lage gebracht? Wäre es denn so schlimm, wenn du nicht solche Sachen gesagt hättest?"
Der Mystiker erwiderte: „Ich kann jetzt nur noch die Wahrheit sagen. Ich kann jetzt nicht einmal daran denken, etwas Unwahres zu sagen. Seit meinem Leben ein göttlicher Lichtstrahl offenbart wurde, gibt es für mich keine Alternative zur Wahrheit mehr. Und meine Gefangenschaft wird nur ein Weilchen währen."
Jemand hinterbrachte dem Kaiser dies. Der Kaiser sagte: „Geh und sag diesem wahnsinnigen Mystiker, er werde keineswegs nur ein Weilchen, sondern lebenslang eingesperrt bleiben."
Als der Mystiker dies hörte, lachte er und sagte: „Bitte geh und richte dem Kaiser aus, dass der wahnsinnige Mystiker gefragt hat: ‚Währt das Leben etwa länger als nur ein Weilchen?'"

Alle, die das wirkliche Leben finden wollen, werden verstehen müssen, was es mit unserem sogenannten Leben tatsächlich auf sich hat. Und alle, die sich die Mühe machen, dies zu verstehen, werden entdecken, dass seine Wirklichkeit und seine Bedeutung nicht mehr sind als ein Traum.

Das Leben ist eine Seifenblase. Alle, die sich das bewusst machen, fangen an nach einem Leben zu forschen, das ewig ist.

39

Was ich lehre? Ich lehre nur Eines: Dass es sich nicht lohnt, etwas zu folgen – außer deinem ureigenen Sein. Wer das Licht dort entdeckt, dessen ganzes Leben füllt sich mit Licht. Danach ist er weder auf äußere Lampen angewiesen, noch muss er der Rauchspur der Fackeln anderer Leute folgen. Erst wenn sich einer vom Bedürfnis hiernach freigemacht hat, findet er zu Glanz und Größe der Seele.

Es gab einmal einen sehr gelehrten Mann, der viel studiert hatte. Er war ein Experte für alle Veden und heiligen Schriften, und wegen seiner intellektuellen Leistungen hatte er ein aufgeblasenes Ego. Er pflegte mit einer brennenden Fackel in der Hand spazieren zu gehen; Tag und Nacht hatte er seine Fackel dabei.

Und wenn jemand wissen wollte wozu, pflegte er zu antworten: „Die Welt lebt in tiefer Finsternis. Ich trage diese Fackel, damit die Menschen zumindest ein wenig Licht haben. Womit sonst könnten sie denn ihren dunklen Lebensweg erhellen?"

Eines Tages hörte ein Mönch diese Worte und fing an zu lachen. Er sagte: „Guter Freund, deine Augen mögen ja blind sein für die Sonne, jene universelle Lichtspenderin, aber wie wagst du zu behaupten, die Welt wäre stockdunkel?! Wie könnte deine Fackel der vorhandenen Herrlichkeit der Sonne noch mehr Glanz hinzufügen? Glaubst du etwa, dass Leute, die nicht einmal die Sonne zu sehen vermögen, deine mickrige Fackel sehen können?"

Buddha hat einmal diese Geschichte erzählt, und ich wollte sie gern noch einmal erzählen. Heute flackern viele Fackeln am Himmel, nicht nur eine. Überall, auf jedem Weg, wimmelt es von den Fackeln der Religionen, der Sekten, der Ideologien, der Ismen. Und sie alle behaupten dasselbe: Dass es außer ihnen kein anderes Licht gibt. Sie alle sind erpicht darauf, euch heimzuleuchten. Aber in Wahrheit hindert gerade der Rauch ihrer Fackeln die Augen der Menschen daran, die Sonne zu sehen. Das einzig wirkliche Licht ist die von der Existenz erschaffene Sonne, und keine Fackel von Menschenhand.

Wende deine Augen nach innen und erkenne die Sonne, die in dir ist. Nur *das* Licht existiert und kein anderes. Suche nur Zuflucht in ihm. Jeder, der seine Zuflucht woanders sucht, beleidigt damit einfach nur seine innere Göttlichkeit.

40

Was heißt Seligkeit? Glück ist eine Art Erregung und ebenso das Unglück. Die Erregung, die wir mögen, nennen wir Glück, und die, die wir nicht mögen, nennen wir Unglück. Seligkeit unterscheidet sich grundsätzlich von beiden. Diese ist kein Zustand der Erregung, sondern des Friedens. Wer immer nur glücklich sein will, wird unglücklich – da auf jede Erregung ihr Gegenteil folgt; beide gehören so unvermeidlich zusammen wie Täler und Berge, wie Nächte und Tage. Wer jedoch willens ist, vom Glück wie vom Unglück zu lassen, findet die Seligkeit, die ewig ist.

Huang Po erzählte gern eine Geschichte: Der einzige Sohn eines Mannes war verschwunden. Zwölf Jahre schon war er verschollen, und selbst der Vater war es müde nach ihm zu suchen. Mit der Zeit vergaß er die ganze Sache.
Nach vielen Jahren kam ein Fremder an seine Tür und sagte: „Ich bin dein Sohn. Erkennst du mich nicht?" Der Vater war überglücklich. Er gab ein großes Fest zu Ehren seines heimgekehrten Sohnes; all seine Freunde waren geladen und es wurde eine Freudenfeier. Er erkannte seinen Sohn aber nicht in diesem Fremden, weil er ihn über die Jahre total vergessen hatte.
Nach ein paar Tagen musste er jedoch erkennen, dass der Mann nicht sein Sohn war: Denn bei der ersten Gelegenheit lief der Fremde mit all seinem Hab und Gut davon.

Huang Po fügte immer hinzu, dass solche Hochstapler zwar an jede Haustür klopfen, aber nur von den allerwenigsten durchschaut werden. Die meisten fallen auf sie herein und verlieren all ihren Besitz.

Alle, die unter Seligkeit den Genuss verstehen, den ihnen angenehme Tätigkeiten oder Dinge bescheren – statt der wirklichen Seligkeit, die aus ihrem Sein kommt –, zerstören mit ihren eigenen Händen den unschätzbaren Wert des Lebens.

Vergiss niemals, dass alles, was du von außen bekommst, auch wieder weggenommen wird. Es ist ein Fehler zu glauben, es gehöre dir. Dir gehört nur, was aus deinem Innern kommt. Und das ist der wahre Reichtum. Alle, die stattdessen etwas anderes suchen, egal was sie bekommen mögen, erkennen am Ende, dass sie überhaupt nichts erreicht haben. Im Gegenteil, sie haben ihr ganzes Leben in einem gnadenlosen Konkurrenzkampf vergeudet.

41

Wenn du zum Göttlichen finden möchtest, lerne zu sterben. Siehst du etwa nicht, dass das Saatkorn zum Baum wird, nur wenn es stirbt?

Jemand suchte einmal einen Baul Mystiker auf. Dieser war darin aufgegangen, ein Lied zu singen; seine Augen schienen nicht das Diesseits zu sehen und selbst seine Seele schien sich nicht dort zu befinden. Er war irgendwo anders – in einer anderen Welt, in einem anderen Zustand.
Als er aufhörte zu singen und zurückzukommen schien, fragte ihn der Besucher: „Wie ist deiner Meinung nach *Moksha* – die endgültige Befreiung – zu erreichen?"
Mit entrückter Stimme erwiderte der Mystiker: „Nur durch den Tod."

Erst gestern habe ich das zu jemandem gesagt. Er hatte mich gefragt: „Durch den Tod?" und ich sagte: „Ja, indem du stirbst, während du lebst. Nur wer für alles andere gestorben ist, wird lebendig und erwacht für die Wahrheit."

Es gibt keine größere Kunst als das Sterben zu lernen, während du noch am Leben bist. Dies ist für mich die einzige Kunst, die ich Yoga nenne. Ein Mensch, der nie vergisst, dass er sterben muss, macht garantiert jede Erfahrung, auf die es ankommt im Leben.

42

Verschwende deine Zeit nicht damit, irdische Häuser zu bauen. Erinnere dich an die unsterbliche Heimstatt, die du hinter dir gelassen hast und zu der du in der Zukunft zurückkehren wirst. Sobald du dich an diesen Ort erinnerst, sind jene Häuser für dich keine Heimstätten mehr.

Ein paar Kinder spielten einmal an einem Flussufer im Sand. Sie hatten Sandhäuser gebaut und jedes erklärte: „Dies ist mein Haus. Meins ist das beste und keiner darf es mir wegnehmen." Auf die Art spielten sie weiter, und wenn einer das Haus eines anderen beschädigte, stritten und zankten sie sich. Langsam wurde es dunkler, der Abend dämmerte und ihnen fiel ein, dass es Zeit wurde nach Hause zu gehen. Also ließen sie ihre Häuser und Paläste einfach im Stich – und alles „Mein" und „Dein" war vergessen.
Ich las dieses Gleichnis irgendwo und ich dachte: Wie wahr diese Geschichte doch ist! Sind wir nicht alle wie kleine Kinder, die Sandburgen bauen? Und wie wenigen fällt es ein heimzugehen, wenn sie die untergehende Sonne sehen?! Und halten die meisten Leute, wenn sie diese Welt verlassen, nicht noch immer mit dem Gefühl von „Mein" und „Dein" ihre Sandburgen fest?
Denk dran: Reife hat absolut nichts mit Alter zu tun. Ich nenne denjenigen reif, der nicht mehr an diese irdische Heimstatt gebunden ist. Die anderen sind einfach nur Kinder, die mit Sandburgen spielen.

43

Die Seligkeit von Liebe und Andacht liegt im Innern – nicht im Außen. Und wer etwas anderes von Liebe und Andacht erwartet, kennt ihr Geheimnis nicht. In Liebe zu ertrinken ist die eigentliche Frucht der Liebe. Und die Seligkeit, in Andacht zu versinken, ist der eigentliche Lohn des Betens.

Ein tief frommer Mann hatte es viele Jahre lang mit allen spirituellen Exerzitien versucht. Eines Nachts hatte er einen Traum, in dem er hörte, wie jemanden zu ihm sagte: „Es ist dir nicht beschieden, Gott zu finden, also verschwende nicht unnötigerweise Zeit und Mühe." Er erzählte seinen Freunden von diesem Traum, aber der Traum stimmte ihn weder traurig, noch hörte er auf zu beten.
Seine Freunde sagten zu ihm: „Wenn man dich schon hat wissen lassen, dass dein Schicksal seine Tore vor dir verschließt, warum betest du dann unnötigerweise weiter?"
Der Fromme erwiderte: „Unnötigerweise beten? Ihr Idioten! Schon das Beten an sich ist selig! Als ob es darum ginge, ob man etwas dafür bekommt oder nicht bekommt! Außerdem, wenn jemand etwas haben will und man ihn an der einen Tür abweist, kann er an eine andere klopfen – aber wo wäre für mich die andere Tür? Die Tür zu Gott ist die einzige Tür, die ich habe." Noch in der selben Nacht sah er, wie Gott ihn umarmte.

Alle, deren einziges Sehnen Gott gilt, können ihn unmöglich nicht finden. Alle Sehnsucht in eine einzige einfließen zu lassen, gibt dem Menschen Kraft, gibt ihm die Fähigkeit zu transzendieren und in das kosmische Bewusstsein einzutreten.

In Liebe zu ertrinken ist die eigentliche Frucht der Liebe.

44

Ich habe nach allen möglichen Reichtümern gesucht, aber letztendlich entpuppten sie sich alle als Verlust. Dann suchte ich nach dem Reichtum in meinem Innern. Was ich fand war Göttlichkeit. Dann erkannte ich, dass es wahrhaftig ein Verlust ist, seine Göttlichkeit zu verlieren und dass es keinen anderen Reichtum gibt, als sie zu finden.

Jemand pries einmal wortreich seinen Kaiser. Er sang viele schöne Lieder zu Ehren des Kaisers, denn er versprach sich davon einiges an Lohn.

Der Kaiser lachte nur über all diese Lobhudeleien und schenkte dem Mann einen Haufen Goldmünzen. Als der sich die Münzen genauer ansah, trat ein außerordentliches Leuchten in seine Augen, das nicht von den Münzen herrührte und er schaute zum Himmel.

Etwas stand auf den Münzen – er warf sie weg und fing an zu tanzen; sein Zustand hatte sich dramatisch verändert. Durch das, was auf den Münzen stand, war eine außerordentliche Revolution in seinem Innern geschehen. Jahre später stellte ihm einer die Frage, was auf den Münzen geschrieben stand.

Er erwiderte: „Auf den Goldmünzen stand: ‚Gott genügt'."

Wahrhaftig, Gott genügt. Alle, die erkannt haben, bestätigen diese Wahrheit.

Was ich gesehen habe? Ich sah, dass Leute, die alles haben, arm sind; ich sah sehr reiche Leute, die praktisch gar nichts haben. Dann stieß ich auf diesen Schlüssel – dass alle, die alles erlangen möchten, erst alles loslassen müssen. Nur wer es wagt alles loszulassen, hat sich die Göttlichkeit verdient.

Ich sah, dass Leute, die alles haben, arm sind...

45

Was heißt leben? Dich einzulassen auf das Mysterium des Lebens. Indem du es einfach nur lebst, kannst du zwar das Leben erschöpfen, es aber nicht erkennen. Setze all deine Energie daran, es nicht einfach nur zu leben, sondern es auch zu erkennen.

Gestern Abend kamen ein paar Fremde; sie hatten Probleme und ich erkundigte mich danach. Einer von ihnen wollte wissen: „Was heißt Tod?" Ich war etwas erstaunt, denn Probleme gibt es im *Leben*. Was für Probleme könnten den Tod betreffen?
Dann erzählte ich ihnen von einer Unterhaltung zwischen Konfuzius und Chi-Lu. Letzerer hatte Ersteren auf seinem Sterbebett gefragt: „Wie sollte man toten Seelen dienen und sie ehren?
Konfuzius erwiderte: „Wenn du nicht für lebende Menschen sorgen kannst, wie willst du dann für tote Seelen sorgen können?"
Danach fragte Chi-Lu: „Darf ich dich fragen, was es mit dem Tod auf sich hat?"
Konfuzius, der uralt war und im Sterben lag, erwiderte: „Wenn du nicht einmal weißt, was es mit dem Leben auf sich hat, was kümmert dich dann der Tod?"

Diese Antwort ist sehr bedeutsam. Nur wer zur Erkenntnis des Lebens gelangt ist, kann den Tod erkennen. Für alle, die das Mysterium des Lebens erkannt haben, ist auch der Tod kein Mysterium mehr – da er bloß die andere Seite der Münze ist.

Nur diejenigen, die das Leben nicht kennen, fürchten den Tod. Einer, dessen Todesfurcht sich verflüchtigt hat, ist dem Leben begegnet. Erst wenn Menschen sterben, zeigt sich, ob sie wirklich wussten, was leben heißt. Geh in dich: Wenn dort Todesangst lauert, dann wisse, dass du noch nicht weißt, was es heißt zu leben.

46

Wenn dein Inneres still wird und deine Sicht harmonisch ist, dann ist das Gefühl, das aufkommt, das Tor zur endgültigen Wirklichkeit. Alle, deren Inneres verstört ist und deren Sicht unharmonisch ist, sind im selben Maße der Wahrheit fern. Von Sri Aurobindo stammt das Wort: „Harmonisch sein heißt unendlich sein." Unharmonisch sein heißt winzig sein. Und sobald du in Harmonie bist, erwirbst du das Recht auf Unendlichkeit.

Jemand wollte wissen: „Was ist Religion?" Ich erwiderte: Ein Zustand innerer Harmonie. Derjenige, der die Frage gestellt hatte, schien es nicht zu verstehen, also fragte er wieder. Ich sagte ihm, dass es einen Bewusstseinszustand gibt, wo nichts Probleme macht oder verstört. In diesem Zustand scheinen sich Licht und Dunkel zu gleichen und Glück und Unglück werden gleichermaßen begrüßt und akzeptiert. Das ist ein religiöser Bewusstseinszustand. Es ist ein Zustand, in dem Seligkeit geboren wird; wo selbst Feinde einander nicht bekämpfen und wo niemals eine Wahl getroffen wird. In diesem Zustand kann man das eigene Innere betreten.

Just als er gehen wollte, erinnerte ich mich an etwas und sagte: „Hör zu! Es war einmal ein Mönch namens Joshu. Irgendwer fragte ihn: ‚Gibt es ein einziges Wort, das für Religion steht?'

Joshu sagte: ‚Schon mit der Frage werden es zwei.'

Aber der Fragende bestand darauf, also sagte Joshu: ‚Das Wort heißt Ja'."

Das Leben als solches in seiner Gänze zu akzeptieren heißt, in den Zustand innerer Harmonie zu gelangen. Nichts anderes ist mit *Samadhi*, also Nichtdenken, gemeint. Erst in diesem Zustand löst sich das Ich auf und wird eins mit dem Ganzen. Wer noch ein Nein in sich hat, kann mit dem Ganzen nicht eins werden. Ein Ja zum Ganzen zu erfahren ist die größtmögliche Revolution im Leben, da es das Ich auslöscht und uns unserem wahren Selbst vorstellt.

Meiner Erfahrung nach ist der Zustand innerer Harmonie der größte Reichtum. Innere Harmonie ist mit nichts zu vergleichen. Und nur wenn du diesen Zustand in dir selbst findest, findest du auch Seligkeit und Unsterblichkeit. Denn damit erklärst du, dass du selbst die höchste Wirklichkeit bist. Krishna versichert uns: Die innere Harmonie selbst ist die höchste Wirklichkeit.

47

Vergiss nie, dass auf dieser Welt nichts anderes erreichbar ist als dein Sein. Alle, die danach suchen, finden es; alle, die nach etwas anderem suchen, finden nur Scheitern und Seelenqual. Alle, die ihren Wünschen nachjagen, werden stets zerstört – sie werden weiter zerstört werden. Das ist der Weg zur Selbstzerstörung.

Ein kleiner Junge im Krabbelalter, bemerkte beim Spielen in der Sonne seinen Schatten. Was war das für ein tolles Ding: denn er konnte sich bewegen, wie er wollte – dieser Schatten ging mit ihm mit! Er versuchte den Kopf des Schattens zu fangen, aber jedes Mal, wenn er sich auf ihn warf, zog er sich zurück. Was er auch anstellte, der Kopf hielt immer dieselbe Entfernung. Die Distanz zwischen ihm und dem Schatten nahm nie ab, so dass er müde und enttäuscht anfing zu weinen.
Ein Wandermönch, der gerade um Almosen bettelte, stand an der Tür und sah dies alles. Er ging zu dem Jungen, nahm dessen Hand und legte sie ihm auf den Kopf. Das Weinen verstummte und jetzt lachte der Junge: Auf die Art hatte er es geschafft, den Schatten beim Schopf zu packen!

Erst gestern erzählte ich diese Geschichte und sagte: Wesentlich ist, dass du deine Hand auf dein Sein legst. Alle, die ihren Schatten ergreifen wollen, sind zum Scheitern verurteilt. Der Körper ist der Schatten.

Wenn du es weiter versuchst, musst du unweigerlich irgendwann weinen.

Begierden sind unersättlich. Egal wie sehr du ihnen nachjagst, sie werden immer unerfüllt bleiben. Frei von ihnen wird nur, wer sich zu sich selbst hinwendet und sich in seinem eigenen Sein niederlässt.

Begierden sind unersättlich.

48

Wer keine Ausdauer hat, fällt bald auseinander. Aber wer den Schild der Ausdauer trägt, entdeckt, dass ihn des Lebens Einschläge nur stärker machen.

Ich habe gehört...
Ein Mann ging an einer Schmiede vorbei und hörte das Geräusch von ständigen Hammerschlägen auf den Amboss, also lugte er ins Innere. Er sah viele zerbrochene und verbogene Hämmer in einer Ecke liegen; nur der Zahn der Zeit oder Verschleiß hatte ihnen das anhaben können. Der Mann fragte den Schmied: „Wie viele Ambosse waren nötig, um diese Hämmer so schlimm zuzurichten?" Der Schmied musste lachen und er sagte: „Nur einer, mein Freund. Ein einziger Amboss zerbricht hunderte von Hämmern, denn die Hämmer schlagen zu und der Amboss hält es aus."

Es stimmt, dass am Ende der gewinnt, der alle Schicksalsschläge geduldig akzeptiert. Auch er hört sein Leben lang viele Hammerschläge niederprasseln, wie den Schlag des Hammers auf den Amboss, aber schlussendlich zerbricht der Hammer und der Amboss bleibt unberührt.

49

Du möchtest Seligkeit? Du möchtest Licht? Dann suche zunächst in dir. Wer dort sucht, braucht nirgendwo anders zu suchen. Und wer nicht dort sucht, wird weitersuchen ohne etwas zu finden.

Es gab einmal einen Bettler. Er bettelte sein ganzes Leben lang an ein und demselben Platz. Er verzehrte sich danach reich zu werden und er bettelte sehr, sehr lange. Aber ist je einer mit Betteln reich geworden? Er war und blieb ein Bettler. Er wurde als Bettler geboren und starb als Bettler. Als er starb, reichte sein Geld nicht einmal für seine Beerdigung. Nach seinem Tod rissen die Leute seine Hütte ab und als sie seinen Sitzplatz wegräumten, kam ein riesiger Schatz zum Vorschein – genau unter der Stelle vergraben, wo er sein leben Lang gesessen und gebettelt hatte!

Ich würde gerne jeden fragen: Sind wir nicht alle wie dieser Bettler? Liegt dieser Schatz, den wir unser ganzes Leben lang draußen suchen, nicht in jedem von uns verborgen?

Bevor du deine Reise antrittst, um Frieden und Reichtum zu suchen, grabe erst einmal da nach, wo du stehst! Die größten Schatzsucher und Entdecker haben den Schatz dort gefunden – nachdem sie endlos in der Welt umhergezogen waren.

50

Es gibt nur *eine* Religion. Es gibt nur *eine* Wahrheit. Und alle, die sie geteilt sehen, sollten begreifen, dass ihre eigenen Augen geteilt sind.

Es gab einmal einen Goldschmied, der ein glühender Verehrer Ramas war. Seine Hingabe war so blind, dass er – bis auf Ramas Statue – alle anderen Götterbilder missachtete. Andere Statuen würdigte er keines Blickes; ja, vor anderen Statuen schloss er die Augen!
Eines Tages befahl ihm der Kaiser des Landes, eine mit Juwelen übersäte Krone für eine Krishna-Statue anzufertigen. Der Goldschmied empfand sich in einer Zwickmühle: Wie sollte er an der Krishna-Statue den Kopfumfang messen?! Er versuchte es zunächst mit verbundenen Augen. Doch dabei musste er feststellen, dass sich die Berührung der Krishna-Statue genauso anfühlte, als wäre es seine eigene, so vertraute, so heiß geliebte Rama-Statue! Er war davon so überwältigt, dass er kurzerhand die Augenbinde wegwarf. Im selben Augenblick verschwand jedoch mit der äußeren auch seine innere Augenbinde, und zum ersten Mal waren seine Augen wirklich offen und er konnte erkennen, dass jede Form eine Erscheinung Gottes ist, da dieser selbst gar keine Form besitzt: Nur etwas Formloses vermag alle Formen zu enthalten.

Ob diese Geschichte wahr ist, weiß ich nicht. Aber jeden Tag sehe ich Leute mit ähnliche Augenbinden vor den Augen, die in Tempel, Moscheen und Kirchen gehen. Ich erzähle ihnen diese Geschichte.

Wenn sie mich fragen, ob sie wahr ist, antworte ich ihnen: Wenn ihr die Augenbinde bemerkt, die über euren Augen liegt, dann wisst ihr zumindest, dass die Geschichte zur Hälfte wahr ist. Und wenn ihr dann diese äußere Augenbinde wegwerft, würde sich auch die andere Hälfte der Geschichte bewahrheiten!

Mach deine Augen auf und sieh. Mit unseren eigenen Händen betrügen wir uns um die ganze Wahrheit. Wer sieht und alle Vorstellungen und Vorurteile ablegt, erfährt nur eine einzige Wahrheit – einen Gott, überall gegenwärtig.

Es gibt nur eine Wahrheit.

51

Was heißt Selbstdisziplin? Selbstdisziplin heißt, vom Gefühl der Berührung unberührt zu sein. Selbstdisziplin ist ein neutrales Gefühl des Beobachtens. Selbstdisziplin heißt, gleichzeitig in der Welt und nicht in der Welt zu sein.

Yen-Hui fragte Konfuzius einmal: „Wie erlange ich geistige Selbstdisziplin?"
Konfuzius erwiderte: „Du hörst nie nur mit den Ohren zu, du hörst mit deinem Verstand zu. Nicht einmal mit dem Verstand; eigentlich identifizierst du dich vollkommen mit dem Gehörten. Versuche, nur mit den Ohren zu hören, sie brauchen keine Hilfe vom Verstand. In diesem Zustand des Nichtseins wird deine Seele Eindrücke von außen passiv empfangen. Selbstdisziplin erreicht man in einem solchen Zustand von *Samadhi,* bzw. Nichtdenken. Und auch Göttlichkeit lebt nur in einem solchen Zustand."
Yen-Hui sagte: „Dann aber geht meine Persönlichkeit verloren?! Ist das mit dem Zustand des Nichtseins gemeint?
Konfuzius sagte: „Ja, das ist damit gemeint. Siehst du das Fenster vor dir? Seine Gegenwart macht es möglich, dass dieser Raum von der Schönheit der Natur erhellt wird. Und doch befindet sich diese nur da draußen. Wenn du möchtest, kannst du deine Augen und Ohren ganz ähnlich dazu einsetzen, dein Inneres zu erhellen. Betrachte deine Sinnesorgane als deine Fenster und mach' dich leer.

Das ist es, was ich den ‚Zustand der Selbstdisziplin' nenne." Ich sehe mit meinen Augen, höre mit meinen Ohren, gehe mit meinen Füßen – und bin dennoch weit weg von all dem. Wo ich bin, gibt es kein Sehen, kein Hören, kein Gehen. Lerne abseits zu stehen, neutral und unberührt von dem, was deine Sinne dir mitteilen. Auf diese Art in dir zu ruhen, im Zustand des Unberührtseins, das ist Selbstdisziplin. Und Selbstdisziplin ist das Tor zur Wahrheit.

Selbstdiszplin ist ein neutrales Gefühl des Beobachtens.

52

Licht kann sich Dunkelheit nicht vorstellen. Licht kennt nur Licht. Diejenigen, deren Herz rein und lichtvoll wurde, können in keinem anderen Herzen Unreinheit oder Dunkelheit erkennen. Solange wir Unreinheit sehen, können wir sicher sein, dass ein paar Reste von Unreinheit in uns sind. Es ist einfach ein Hinweis darauf, dass wir unrein sind.

Die Klänge der Morgenandacht hallten im Tempel nach. Acharya Ramanuja ging – in die Anbetung Gottes vertieft – um den Tempel herum, als ihm plötzlich eine Unberührbare entgegenkam.
Bestürzt von ihrem Anblick, war seine Andacht dahin und barsche Worte entfuhren seinem Mund: „Du, unberührbares Weib, geh mir aus dem Weg und beschmutze ihn nicht!" In den eben noch andächtigen Augen flackerte Wut, und die Lippen, die gerade noch den Herrn gelobt hatten, spien Gift.
Doch die Frau rührte sich nicht vom Fleck. Stattdessen fragte sie mit gefalteten Händen: „Meister, wo soll ich hin? Überall umgibt uns die Reinheit Gottes! In welche Richtung soll ich also gehen mit meiner Unreinheit?"
Ramanuja sah die Frau an, als wäre ein Vorhang vor seinen Augen aufgegangen. Ihre wenigen Worte hatten alle Schroffheit aus seinem Gesicht verscheucht. Mit einer ehrfürchtigen Verbeugung sagte er: „Mutter, verzeih mir. Es ist der Schmutz in unserm eigenen Innern, den wir draußen

sehen. Wer den Glanz der inneren Reinheit in seinen Augen hat, sieht ringsum nur Heiliges."

Ich kenne keinen anderen Weg, um Gott zu erkennen. Es gibt nur einen Weg: nämlich das Göttliche um uns herum zu erfahren. Wer anfängt, Gott in allem zu sehen, der – und nur der! – darf den Schlüssel zu Gottes Tür haben.

**Es ist
der Schmutz
in unserm
eigenen Innern,
den wir
draußen sehen.**

53

Ein junger Mann hat mich einmal gefragt: „Gibt es im Leben etwas, das es wert ist gerettet zu werden?" Ich erwiderte ihm: Deine eigene Seele und ihre Musik. Wer das zu retten vermag, hat alles gerettet; und wer das verliert, der verliert alles.

Ein älterer Musiker, der mit einem Beutel voller Goldmünzen einen Wald durchquerte, wurde von Dieben überfallen. Außer seinem Geld nahmen sie ihm auch seine Geige weg. Niemand spielte so gut wie er die Violine; nur er war eines solchen Instrumentes würdig. Der alte Mann bat die Diebe sehr freundlich, ihm sein Instrument zurückzugeben. Diese staunten. Wieso wollte der Alte ausgerechnet eine so gewöhnliche, wertlose Geige zurück haben – und nicht sein Geld? Da sie mit einer Geige ohnehin nichts anzufangen wussten, gaben sie sie ihm zurück.
Kaum hatte er sie wieder, führte der Musiker einen Freudentanz auf und setzte sich sofort hin, um auf ihr zu spielen. Es war eine dunkle Neumondnacht, in einem einsamen Wald. Die Töne seiner Geige hallten in der Stille dieses dunklen Waldes wie aus einer anderen Welt wider. Anfangs hörten die Diebe nur unbeteiligt zu, aber langsam wurden ihre harten Augen weicher, ihre Blicke verschleierten sich und sie begannen, sich zur Melodie der Geige zu wiegen. Zum Schluss hatte seine Musik sie so überwältigt, dass sie ihm zu Füßen fielen und um Vergebung flehten.

Sie gaben ihm nicht nur seinen ganzes Geld zurück, sondern schenkten ihm ihr eigenes Geld obendrein und begleiteten ihn sicher aus dem Wald.

Ist nicht jeder Mensch in der selben Lage? Wird nicht jeder Mensch Tag für Tag ausgeraubt? Aber wie wenige kämen darauf, ihre Musik – und das Instrument dieser Musik – zu retten, statt ihren irdischen Besitz in Sicherheit zu bringen?

Lass alles Andere zurück und rette deine Musik – und das Instrument, welches die Musik des Lebens erzeugt. Alle, die ein bisschen etwas davon verstanden haben, tun genau das. Und alle, die dies zu tun versäumen… Selbst wenn sie allen Reichtum der Welt erwerben – er ist wertlos. Vergiss nie, dass der größte Reichtum des Menschen die Musik in seinem eigenen Innern ist.

54

Wenn ich jemanden sterben sehe, ist das für mich so, als ob ich in seinem Tod mitgestorben bin. Zweifellos macht mir jeder Tod meinen eigenen Tod bewusst. Und alle, die das nicht sehen können, kommen mir blind vor. Ich habe ausnahmslos aus jedem Geschehen dieser Welt etwas gelernt. Und je tiefer ich hineinsah, desto mehr löste sich die Anhaftung; spontanes Loslassen geschah einfach. Wenn wir mit offenen Augen durch die Welt gehen, werden wir weise. Und sobald sich die Weisheit einstellt, folgt die Loslösung

Ich habe von einem uralten Bettler gehört, der stets bettelnd am Straßenrand saß. Er war völlig lahm, blind und am ganzen Leib von Lepra gezeichnet. Die Passanten sahen immer nur weg. Ein junger Mann, der dort immer vorbeikam, begann sich zu fragen, wie so ein geschundener, erschöpfter, halbtoter Greis noch so voller Lebenslust sein konnte. Was lag ihm noch am Leben, an einem Bettlerleben? Eines Tages stellte er dem alten Mann diese Frage.

Da lachte der Bettler mit den Worten: „Mein Sohn! Über diese Frage zerbrech ich mir auch den Kopf. Und wenn ich Gott frage, kommt auch von dort keine Antwort. Also nehm ich mal an, es ist Gottes Wille, dass ich weiter leben soll, damit andere mich sehen und erkennen, dass ich auch mal so war wie sie und sie eines Tages genauso enden können wie ich! Denn der Stolz dieser Welt auf Schönheit, Gesundheit und Jugend ist pure Illusion."

Der Körper ist ein sich stets verändernder Strom, und unser Geist ebenso. Alle, die sie für das Festland halten, ertrinken. Weder der Körper noch der Geist sind Festland. Das einzig wahre Festland ist das Bewusstsein, der Zeuge, der Beobachter. Jene unveränderliche, ewige Bewusstheit, die hinter allem liegt. Alle, die ihr Boot an dieser Küste festmachen, erlangen Unsterblichkeit.

Wenn wir mit offenen Augen durch die Welt gehen, werden wir weise.

55

Begierden machen den Menschen zum Bettler. Es sind die Begierden, die den Menschen versklaven und zum Bettler machen, und sie hören nie auf. Je mehr man sie loswird, desto reicher und unabhängiger wird man. Die Freiheit eines Menschen, der nichts begehrt, ist endlos.

Ein Sannyasin war zu Geld gekommen und er gab bekannt, er wolle es den Armen geben. Viele Arme belagerten ihn und bettelten ihn um das Geld an. Er aber sagte: „Geduldet euch etwas. Ich werde es dem Hungrigsten und Bedürftigsten auf der Welt geben!" Mit diesen Worten ging er in sein Haus.
Da plötzlich tauchte der Hofstaat des Königs auf und das Volk bestaunte wie gebannt den Prunkzug. Inzwischen erschien der Sannyasin wieder vor seinem Haus und als er den König auf seinem Elefanten sah, warf er ihm sein Geld vor die Füße. Erstaunt fragte ihn der König, was sein Tun bedeute. Auch die Leute umringten ihn und sagten: „Hast du nicht gesagt, du würdest dein Geld nur dem Bedürftigsten und Allerhungrigsten auf der Welt geben?!"
Worauf der Sannyasin lachend sagte: „Richtig, und genau das habe ich eben getan! Ist denn nicht derjenige der Allerbedürftigste, dessen Hunger nach Reichtum alle Anderen übertrifft?!"

Was heißt denn Unglück? Unglück ist die Begierde, etwas zu bekommen und etwas zu werden.

Niemand will unglücklich sein, aber solange du Begierden hast, wirst du Unglück haben. Wer das Wesen des Begehrens verstanden hat, strebt nicht danach frei von Unglück zu sein, sondern frei von seinen Begierden. Und dann schließt sich die Tür zum Unglück automatisch.

Begierden machen den Menschen zum Bettler.

56

Wer nichts aus sich machen kann, wird oft ein Kritiker. Wer seinen Lebensweg nicht zu gehen vermag, stellt sich gewöhnlich an den Straßenrand und wirft mit Steinen auf andere. Dies ist ein sehr krankhafter Geisteszustand. Wann immer sich in dir das Bedürfnis regt, jemanden zu verdammen, mach dir bewusst, dass dich genau diese Krankheit im Griff hat. Ein gesunder Mensch denkt gar nicht daran, jemanden zu verdammen. Und wenn andere ihn verdammen, tun sie ihm lediglich Leid. Nicht nur die körperlich Kranken, sondern auch die Geisteskranken verdienen Mitleid.

Irgendwo schreibt Norman Vincent Peale: „Ich habe einen Freund, der ein bekannter Sozialarbeiter ist. Er wird häufig schwer verleumdet und kritisiert, aber nie hat ihn jemand seine Ruhe verlieren gesehen. Als ich ihn nach seinem Geheimnis fragte, sagte er: „Bitte zeigen Sie mit dem Finger auf mich!" Überrascht tat ich wie geheißen. Da begann er zu lachen und erwiderte: „Sehen Sie? Einer Ihrer Finger zeigt auf mich, aber die übrigen drei zeigen auf Sie selbst. So ist es, wenn jemand mit dem Finger auf andere zeigt: Ohne sich dessen bewusst zu sein, zeigen drei Finger zurück auf ihn selbst. Wann immer mir also einer am Zeug flicken will, hat mein Herz Mitleid mit ihm, weil er sich selbst weit mehr verletzt als er jemals mich verletzen könnte."

Wann immer dich jemand kritisiert, rufe dir folgenden unsterblichen Ausspruch von Aristoteles ins Gedächtnis... Als er hörte, dass ihn ein paar Leute beschuldigt hatten, ein ganz übler Mann zu sein, erwiderte er: „Ich werde mich stets bemühen so zu leben, dass kein Mensch glauben wird, was sie sagen."

Wer nichts aus sich machen kann, wird oft ein Kritiker.

57

Suche Liebe – es gibt nichts Höheres als das. Thiruvalluvar hat gesagt: „Liebe ist die innerste Seele des Lebens. Wer keine Liebe in sich hat, ist bloß ein mit Fleisch bedeckter Haufen von Knochen."

Gestern hat mich jemand gefragt: ‚Was ist Liebe?' Ich erwiderte ihm: Was immer die Liebe auch sein mag, es lässt sich nicht in Worten sagen, denn Liebe ist kein Gedanke, sie ist eine Erfahrung. Du kannst zwar in ihr ertrinken, aber du kannst sie nicht erkennen. Denke nicht über die Liebe nach. Hör auf zu denken und sieh die Welt. Was du dann erleben wirst, in diesem friedvollen Zustand, ist Liebe.

Und dann hab ich ihm eine Geschichte erzählt...Ein Pandit fragte einmal einen Baul Mystiker: „Kennst du alle Formen der Liebe, wie sie in den Schriften beschrieben werden?"
Der Baul erwiderte: „Wie soll ein Ungebildeter wie ich wissen, was in den Schriften steht?"
Woraufhin der Pandit ihm ganz genau alle Kategorien der Liebe beschrieb, die die heiligen Schriften erwähnen, und ihn dann fragte, was er von ihnen hielt. Da musste der Mystiker lachen und er sagte: „Als ich dich so reden hörte, beschlich mich das Gefühl, als hätte ein Goldschmied einen Garten betreten und wollte mit seinem Prüfstein, mit dem er die Echtheit von Gold prüft, auch die Echtheit der Schönheit der Blumen prüfen!"

Zerbrich dir nicht den Kopf über die Liebe – lebe sie. Und vergiss nicht: Indem du sie lebst, wirst du dich selbst verlieren müssen. Das Ich ist mit der Liebe unvereinbar; je mehr du dein Ich verlierst, desto mehr wirst du von Liebe erfüllt sein. Wenn dein Ich bei Null anlangt, ist die Liebe Alles. Und genau diese Liebe ist die Leiter zum Himmelstor.

Zerbrich dir nicht den Kopf über die Liebe – lebe sie.

58

Blumen kommen und gehen. Dornen kommen und gehen. Glück kommt und geht. Unglück kommt und geht. Das Leben dessen, der dies ewige, universelle Gesetz der Veränderung kennt, wird frei von allen Begrenzungen sein.

In einer dunklen Nacht erwog ein am Ufer eines Flusses stehender Mann, sich in den reißenden Fluten zu ertränken. Der Himmel war von Wolken verdunkelt und hier und da blitzte es. Der Mann war einer der Reichsten im Lande gewesen, war aber durch plötzliche Verluste total verarmt. Die Sonne seines Glücks schien untergegangen und er sah nichts als Dunkel kommen; also hatte er beschlossen, sich das Leben zu nehmen. Doch just als er an den Rand des Felsblocks trat, um in den Fluss zu springen, packten ihn zwei alte, aber kräftige Hände.
Im selben Augenblick sah er im Licht eines Blitzes, dass ihn ein alter Sannyasin festhielt. Der Alte fragte ihn, warum er so verzweifelt sei, und fing an zu lachen, sobald er gehört hatte warum. Er sagte: „Du gibst also zu, dass du, bevor all dies geschah, glücklich warst?"
Der Mann sagte: „Ganz gewiss. Die Sonne meines Glücks stand im Zenit, und jetzt ist mein ganzes Leben verdüstert."
Der alte Mann musste erneut lachen und sagte: „Auf den Tag folgt die Nacht und auf die Nacht folgt der Tag. Wie kann die Nacht andauern, wenn es der Tag nicht tut?

Veränderung ist ein Naturgesetz. Hör gut zu: Wenn die guten Tage nicht andauern, werden auch die schlechten Tage nicht andauern. Und wer diese Wahrheit versteht, lässt sich weder vom Glück hinreißen noch vom Unglück niederdrücken. Sein Leben wird wie ein unbeweglicher Fels, der in Sonne wie Regen derselbe bleibt.

Wer sowohl Unglück wie Glück mit Gelassenheit hinnimmt, hat seine Seele gefunden – denn das Bewusstsein von beiden frei zu sein, führt zur Gelassenheit. Glück und Unglück kommen und gehen. Das, was weder kommt noch geht, ist das Sosein. Und heitere Gelassenheit heißt, in diesem Sosein zu ruhen.

Glück und Unglück kommen und gehen – befreie dich von beiden.

59

Sein Ich zu vergessen, sich über sein Ich zu erheben, ist die größte Kunst. Nur dadurch, dass er sein Ich transzendiert, überschreitet der Mensch die Schwelle zwischen seinem Menschsein und seiner Verbindung mit dem Göttlichen. Alle, die in ihrem Ich eingeschlossen bleiben, können das Göttliche nicht erfahren. Außer diesem gibt es kein anderes Hindernis zwischen Mensch und Göttlichkeit.

Tschuangtse erzählte oft folgende Geschichte von einem Zimmermann:
Dieser Zimmermann war ein Genie in seinem Fach. Alles, was er herstellte, war so schön, dass die Leute ihm oft höchstes Lob spendeten; sie sagten ihm, es sei wie von Gott gemacht, und nicht von einem Menschen. Einst wollte ein König von ihm wissen: „Woher stammt der Zauber in deiner Kunst?"
Der Zimmermann erwiderte: „Euer Majestät, mit Zauber hat das überhaupt nichts zu tun! Es ist ganz einfach: Bei allem, was ich mache, lasse ich mein Ich außen vor.
Zunächst höre ich damit auf, meine Lebensenergie zu vergeuden und mache meinen Geist vollkommen friedlich. Nachdem ich drei Tage so verbracht habe, vergesse ich jeden Gedanken an Gewinn und die finanzielle Seite des Produkts. Nach fünf Tagen vergesse ich den Ruhm, den dieser Gegenstand mir einbringen wird. Nach sieben

Tagen erinnere ich mich nicht einmal mehr an meinen Körper. Auf diese Art und Weise fokussiere ich mich ganz auf mein Können — alle inneren und äußeren Störungen verfliegen. Dann bleibt nichts mehr da außer dem, was ich kreiere. Selbst ich existiere nicht. Darum wirken diese Schöpfungen göttlich."

Dies ist die Geheimformel, wie man Göttlichkeit in sein Leben bringt. Vergiss das Ich, und lass dein Bewusstsein in dein Schaffen einfließen. Löse dich in dem auf, was du erschaffst und werde eins damit, so wie die Existenz eins mit ihrer Schöpfung geworden ist.

Gestern fragte mich jemand: „Was soll ich machen?" Ich sagte: Was du machst, ist weniger wichtig als *wie* du es machst. Mach etwas aus dem Zustand heraus, dich – dein Ich – aufgegeben zu haben, und dann wirst du den Weg zum Selbst finden.

60

Heute Morgen waren ein paar Leute bei mir und ich sagte ihnen: Versuche immerzu tiefer und immer tiefer in dich zu gehen… bis zu einer inneren Tiefe, die unermesslich ist. Wer in die unermessliche Tiefe geht, erreicht unglaubliche Höhen. Die Höhen des Lebens stehen in direktem Verhältnis zu den Tiefen. Alle, die nur Höhen aber keine Tiefen wollen, müssen unweigerlich scheitern. Auf was es ankommt, ist die Tiefe; wer dorthin findet, wird automatisch die Höhen erreichen. Nur wer eine ozeanische Tiefe in sich hat, kann zu den Schneegipfeln riesiger Berge aufsteigen. Tiefe ist der Preis, den man zahlen muss, um die Höhen zu erreichen. Und vergiss nicht: Im Leben bekommst du nichts umsonst.

Ramateertha sprach oft davon, dass er in Japan Kiefern und Zedern gesehen habe, die, obwohl drei bis vier Jahrhunderte alt, keine dreißig Zentimeter hoch waren.
Du musst gesehen haben, wie hoch und mächtig Kiefern und Zedern sonst werden. Wer also hat diese Bäume daran gehindert zu wachsen – und wie? Als er der Sache nachging, erfuhr er, dass man ihre Blätter und Äste in Ruhe lasse, dafür aber regelmäßig ihre Wurzeln beschneide, damit sie nicht weiter nach unten wüchsen. Und in der Regel kann ein Baum nur in dem Maße in die Höhe wachsen, wie seine Wurzeln nach unten wachsen.

Zwischen oben und unten gibt es eine Beziehung, die da will, dass jeder, der nach dem Höchsten strebt, seine Wurzeln bis in die Tiefe seiner Seele ausbreiten muss. Wessen Wurzeln nicht nach innen wachsen, dessen Leben kann nie nach oben steigen. Doch wir haben diese Regel völlig vergessen und infolgedessen können Leben, die so hoch wie Zedern hätten werden können, sich nicht einmal einen Fuß über ihre Basis erheben. Der Mensch wird kleiner und kleiner, weil die Wurzeln zu seiner Seele flacher und flacher werden.

Der Körper ist unsere Oberfläche, die Seele ist unsere Tiefe. Wie könnte einer, der nur in seinem Körper lebt, zur Tiefe finden? Lebe in der Seele statt im Körper. Und denke, sprich und handle ebenfalls auf einer höheren Ebene als der des Körpers. Nur hierdurch kannst du allmählich Wurzeln in deiner Seele schlagen und die Tiefe erreichen.

Tiefe ist der Preis, den man zahlen muss, um Höhen zu erreichen.

61

Sei so, wie du andere gern hättest. Um andere zu ändern, musst du erst dich selbst ändern. Erst wenn du dich selbst änderst, kannst du bei anderen eine Transformation auslösen.

Nur wer restlos erwacht ist, kann hilfreich sein für andere. Wie kann ein Schlafender andere aufwecken? Und wie kann jemand, der im Dunkeln lebt, für andere eine Quelle des Lichts sein? Es kann anderen nur helfen, wer sein eigenes Selbst erkannt hat – das steht fest. Sich um das Wohl anderer zu kümmern ist unmöglich, solange du dich noch nicht um dein eigenes Wohl gekümmert hast.

Jemand sagte mir: „Ich würde gern anderen dienen." Ich sagte ihm: Erst die spirituelle Disziplin, dann das Dienen. Wie willst du anderen etwas geben, das du selbst noch gar nicht hast? Finde es zunächst durch spirituelle Disziplin heraus, erst dann kannst du es mit anderen teilen und ihnen helfen. Wer möchte nicht anderen helfen? Aber niemand macht sich die Mühe, sich spirituell zu disziplinieren und sein eigenes Selbst zu erkennen. Das ist, als wolle man ernten, ohne überhaupt gesät zu haben! Das ist nicht möglich.

Ein sehr armer, schwacher Mann fragte Buddha: „Herr, was soll ich tun, um der Menschheit zu helfen?" Der Mann war nicht körperlich, sondern seelisch schwach; er hatte genug

Geld, aber nicht genug Leben. Buddha sah ihn ein Weilchen mit tiefem Mitgefühl an. Seine Augen tränten vor Mitleid. Er sagte nicht viel, doch wie viel Mitgefühl und Tiefe es barg! Er fragte: „Was wirst du machen können?"

Lasst es euch durch den Kopf gehen: „Was wirst du machen können?" All dein Tun beginnt bei dir selbst und kommt aus dir selbst. Wer etwas für andere tun möchte, ohne es zunächst für sich selbst getan zu haben, irrt sich traurigerweise. Sein Selbst zu erkennen, gesund zu werden – nichts anderes ist mit „Dienen" gemeint. Dienen ist kein Tun: Es ergibt sich spontan aus Liebe. Und Liebe? Liebe ist nichts anderes als überfließende Seligkeit. Was im Innern Seligkeit ist, wird im Handeln zu Liebe.

Dienen ist kein Tun: Es ergibt sich spontan – aus Liebe.

62

Jeder Mensch kann jederzeit dieselben Höhen und Tiefen erreichen, die je ein anderer Mensch erreicht hat. Und der Mensch vermag sogar Höhen und Tiefen erreichen, die bisher noch niemand erreicht hat; bedenke: der Mensch vermag das Unmögliche.

Ich sehe in jedem Menschen eine grenzenlose Energie angelegt. Aber zum größten Teil bleibt diese Energie bis zur Todesstunde unerweckt und verschlossen. Wir tun nichts, um diese Energie und Anlage zu erwecken und zu aktivieren. Somit sind die meisten von uns nur halb lebendig und manche sogar noch weniger. Wir nutzen nur einen Bruchteil unserer physischen und geistigen Energien und unsere spirituelle Energie überhaupt nicht. Wir zapfen nur das Minimum der in uns verborgenen Energiequellen an, und das ist der eigentliche Grund für unserer innere Armut.

William James hat gesagt, dass das Feuer des Menschen nur schwelt, und dass er sich selbst – angesichts seiner Seele – ungeheuer minderwertig fühlt. Es ist absolut wesentlich dieses Minderwertigkeitsgefühl zu überwinden. Es gibt keine größere Sünde, als aus eigener Entscheidung hilflos und elend zu leben. Wenn man in der Erde nachgräbt, stößt man auf verborgene Wasserquellen; ähnlich stößt jeder, der lernt in sich selbst nachzugraben, auf in ihm verborgene Quellen unerschöpflicher Energie.

Aber dafür muss man aktiv und kreativ werden. Jeder, der sein ganzes Sein finden möchte, wird positiv aktiv – während andere nur darüber nachdenken. Wer eine leise Ahnung hat, unternimmt sofort etwas und wartet nicht erst darauf, mehr zu wissen. So legt er, Spatenstich für Spatenstich, seine innere Energiequelle frei, während die, die nur nachdenken, sitzen bleiben.

Nur positives und kreatives Handeln kann schlafende Energien erwecken und den Menschen immer lebendiger machen. Wer sein gesamtes Energiepotenzial aktiviert, kann das Leben zur Gänze erfahren, und nur er wird auch sein Wesen erfahren. Was er erfährt, wenn er sein volles Potenzial erkennt, ist das Sein. Halte dich nicht mit Denken auf. Bewege dich und unternimm etwas. Auch nur einen einzigen Schritt zu tun ist wertvoller als davon zu träumen, tausend Meilen zu gehen – denn dieser eine Schritt führt dich zumindest weiter.

Der Mensch vermag das Unmögliche.

63

Gibt es eine größere Macht als die Liebe? Nein. Denn wer Liebe findet, wird frei von Angst.

Ein junger Mann ging mit seiner frischvermählten Braut auf eine Seereise. Kaum war die Sonne untergegangen brach ein heftiger Sturm los. Alle Passagiere hatten große Angst; und das Schiff machte den Eindruck, als könne es jeden Moment sinken. Aber der junge Mann schien überhaupt nicht besorgt zu sein. Zitternd fragte ihn seine Frau: „Wie kannst du nur so unbekümmert dasitzen?! Siehst du nicht, dass unsere Überlebenschance von Sekunde zu Sekunde kleiner wird?" Der Ehemann zog sein Schwert aus der Scheide, hielt es ihr an den Hals und fragte: „Hast du Angst? Wird dein Leben jetzt von meinem Schwert bedroht?" Da lachte die Frau und antwortete; „Red keinen Quatsch! Wieso sollte ich Angst vor einem Schwert haben, das in deiner Hand ist?" Der junge Mann sagte: „Siehst du? Seit meiner ersten Begegnung mit der Existenz habe ich mich ihr gegenüber genauso gefühlt."

Wenn Liebe da ist, existiert einfach keine Angst. Liebe ist Angstlosigkeit. Die Abwesenheit von Liebe ist Angst. Wer die Angst überwinden will, wird von der Liebe zur gesamten Existenz erfüllt werden müssen. Durch die Tür des Bewusstseins tritt die Liebe ein, durch die andere verschwindet die Angst.

64

Das Leben folgt entweder den Begierden oder der Bewusstheit. Begierden verheißen Zufriedenheit; in Wirklichkeit machen sie dich aber nur noch unzufriedener. Das ist der Grund, warum die Augen verschlossen sein müssen, um der Begierde zu folgen. Wer seine Augen aufmacht und hinsieht, gelangt zur Bewusstheit. Und im Feuer der Bewusstheit verdunstet jede Unzufriedenheit wie Tautropfen in der Sonne.

Ein Biologe namens Dr. Fabre beschreibt ein Insekt, eine Art Raupe, die immer ihrem Anführer folgt. Er hat einmal eine Gruppe dieser Raupen auf einen runden Teller gesetzt. Sobald sie anfingen zu laufen, liefen sie immer weiter im Kreis herum. Da es ein Rundweg war, hatte er kein Ende. Aber sie schienen dies nicht zu bemerken und liefen weiter, bis sie vor Erschöpfung tot umfielen. Nur der Tod konnte ihr Laufen beenden. Sie erkannten nie, dass der Weg, dem sie folgten, kein Weg, sondern ein Kreis war.
Ein Weg führt dich irgendwohin; ein Kreis führt dich nirgendwohin – er lässt dich nur immer im Kreis gehen. Und wenn ich mich so umsehe, finde ich, dass sich der Mensch genau in dieser Lage befindet. Auch er läuft immer weiter und scheint nie innezuhalten und zu überlegen, ob sein Weg nicht eine kreisrunde Fahrspur ist! Begierden laufen immer im Kreise herum. Wir kehren immer wieder zu denselben Begierden zurück.

Daher sind Begierden unersättlich; niemand kann je irgendwohin hingelangen, indem er seinen Begierden folgt. Zufriedenheit ist unmöglich auf diesem Weg. Aber es gibt ein paar Gesegnete, die von dieser sinnlosen, dummen Reise aufzuwachen vermögen, ehe der Tod sie einholt.

Wenn ich Leute auf dem Trampelpfad der Begierden sehe, weint mein Herz für sie, weil sie einem Weg folgen, der sie nirgendwo hinführt. Am Ende werden sie einsehen, dass sie ihr ganzes Leben damit vertan haben, Träumen nachzujagen. Mohammed hat gesagt: „Wer könnte sich mehr verirrt haben als ein Mensch, der Begierden nachjagt?"

Begierden verheißen Zufriedenheit – in Wirklichkeit machen sie dich nur noch unzufriedener.

65

Irgendwer hat gefragt: Was hältst du von Ehrgeiz? Ich erwiderte: Es gibt nur wenige Menschen, die wirklich ehrgeizig sind. Wer sich schnell mit dem Trivialen zufrieden gibt, kann im Grunde nicht ehrgeizig genannt werden. Nur wer nach dem Grenzenlosen strebt ist wahrhaft ehrgeizig. Wir halten Ehrgeiz gemeinhin für etwas Schlechtes. Ich jedoch nicht. Wirklicher Ehrgeiz ist keineswegs schlecht, denn nur dieser Ehrgeiz führt dich zum Göttlichen hin.

Vor langer Zeit habe ich zu einem jungen Mann gesagt: „Setz deinem Leben ein Ziel und gib deinem Herzen eine Aufgabe. Sei ganz erfüllt von hehren Träumen. Ohne Absicht wirst du kein vollendeter Mensch werden können; wirst du nicht eins werden und deine Energien werden verstreut bleiben.

Nur wer all seine unterschiedlichen Energien zu sammeln und sie auf eine einzige Absicht zu lenken vermag, kann ein gesunder Mensch werden. Jeder andere ist wie eine chaotische Masse. Seine inneren Stimmen werden einander widersprechen und in seinem Leben wird sich nie eine Melodie erheben. Wer für sich selbst keine Melodie ist, kann niemals Frieden und Kraft finden. Frieden und Kraft sind zwei Bezeichnungen für ein und dieselbe Wahrheit.

Als er wissen wollte, wie er dies anstellen solle, sagte ich: Sieh dir ein im Erdreich verborgenes Saatkorn an. Sieh, wie es all seine Energie zusammennimmt und dann durch die Erde bricht! Es ist sein Durst nach Sonne, was es sprießen und wachsen lässt. Nur aufgrund dieses starken Verlangens kann es seine feste Schale sprengen und sich über das Banale erheben. Lerne von ihm. Werde wie ein Saatkorn. Dürste nach dem Unendlichen und dann fokussiere deine Energie und beweg dich nach oben. Dann kommt der Moment, wo du fähig bist, aus dir auszubrechen und dein wahres Sein zu finden.

Wer sich ständig das letztendliche Ziel des Lebens vor Augen hält – sein Selbst und die Wahrheit – wird sich mit nichts anderem zufrieden geben. Diese Unzufriedenheit ist ein Segen, denn nur, indem er da durchgeht, kann er das Land der letztendlichen Zufriedenheit finden.

Nur wer nach dem Grenzenlosen strebt, ist wahrhaft ehrgeizig.

66

Schau, wie flüchtig die so genannten Freuden des Lebens sind. Wenn du das erkennen kannst, wirst du frei sein von ihnen.

Irgendjemand hat folgendes Volksmärchen überliefert... Ein Vogel gleitet durch den Himmel. Direkt über ihm, in der Ferne, treibt eine weiße Wolke. Er sagt zu sich selbst: „Ich hätte Lust hinzufliegen und diese Wolke zu berühren!" Gesagt, getan. Jetzt hat er ein Ziel, und er fliegt mit aller Macht in diese Richtung. Nur trieb die Wolke plötzlich mal gen Osten und mal gen Westen und mal stand sie plötzlich still und zog Kreise. Dann begann sie sich auszudehnen. Der Vogel hatte die Wolke noch nicht einmal erreicht, als sie sich plötzlich aufzulösen begann und endgültig verschwand. Mit unbeirrbarer Anstrengung erreichte der Vogel den Ort, wo die Wolke gewesen war, nur war da leider nichts mehr zu finden. Da sprach der Vogel zu sich: „Ich hab mich geirrt. Ich sollte mir keine vergänglichen Wolken als Ziel setzen und stattdessen die stolzen Berge als Ziel haben, die ewig sind und endlos."
Wie wahr diese Geschichte ist! Und wie viele unter uns werden Opfer dieses Irrtums, sich als Lebensziel vergängliche Wolken vorzunehmen? Aber sieh nur! Ganz in der Nähe sind auch die ewigen und endlosen Berge – wenn wir die zum Ziel unseres Lebens machen, werden wir erfüllt und selig werden...

Rabindranath Tagore sagt irgendwo: „Einst flüsterte ein Regentropfen einer Jasminblüte ins Ohr: ‚Geliebte, bewahre mich auf immer in deinem Herzen!' Und noch ehe die Jasminblüte etwas sagen konnte, fiel der Regentropfen zu Boden."

Erkenne, wie flüchtig die sogenannten Freuden des Lebens sind.

67

Gestern Abend kam ein alter Mann zu mir. Sein Herz quoll über von unzähligen Klagen über das Leben. Ich sagte zu ihm: Es ist wahr, es gibt Dornen auf dem Lebensweg, aber die werden nur von denen gesehen, die die Rosen nicht sehen können. Wenn du Rosen zu sehen verstehst, dann werden selbst Dornen zu Rosen.

Fariduddin Attar erzählte den Leuten gern: „Oh, Getreue Gottes, wenn euch Bitteres im Leben zustößt, dann denkt bitte an diesen treuen Sklaven." Und wenn sie ihn fragten: „Welchen Sklaven?", dann erzählte er immer die folgende Geschichte: Ein König schenkte seinem Sklaven einmal eine sehr seltene und schöne Frucht. Als er sie kostete, sagte der Sklave, dass die Frucht ungemein süß sei und dass er noch nie im Leben eine solche Frucht gesehen oder gekostet habe. Bei diesen Worten lief dem König das Wasser im Munde zusammen. Er befahl dem Sklaven, ihm ein Stück abzuschneiden. Und als er sah, dass der Sklave zögerte, sich auch nur von einem Stück zu trennen, verlangte es ihn erst recht danach. Schließlich musste der Sklave ihm ein Stück geben, aber kaum hatte der König von der Frucht gekostet, entdeckte er, dass sie sehr, sehr bitter war. Erstaunt sah er seinen Sklaven an.
Der Sklave antwortete: „Herr, Ihr habt mir so manches kostbare Geschenk gemacht. Genügt deren Süße etwa nicht, um die Bitterkeit dieser winzigen Frucht vergessen zu lassen?

Soll ich mich über eine solche Kleinigkeit beklagen und unglücklich sein? Wie es steht, hast du mich mit so vielen Segnungen überschüttet, und auch nur einen Gedanken an diese Bitterkeit zu verschwenden, wäre der Beweis meiner Undankbarkeit!"

Wie sich das Leben anfühlt, hängt in erheblichem Maße von unserer Einstellung ab. Wenn er will, kann jemand einen kurzen Tag zwischen zwei dunklen Nächten sehen. Oder, wenn er will, kann er eine kurze Nacht zwischen zwei Tagen voller Licht sehen. Erstere Möglichkeit lässt selbst den Tag düster erscheinen, während für die letztere nicht einmal die Nacht eine Nacht ist.

Wie sich das Leben anfühlt, hängt in erheblichem Maße von unserer Einstellung ab.

68

Was ist ein Leben ohne Ideale? Wie ein Boot ohne Steuermann, oder falls einer da ist, schläft er. Und du darfst nie vergessen, dass es viele Stürme auf dem Meer des Lebens gibt. Also wird dein Lebensboot ohne Ideale untergehen – es kann nicht anders.

Schweitzer hat gesagt: „Die Macht der Ideale lässt sich nicht ermessen. In einem Wassertropfen sehen wir keine Macht. Gefriert aber eben dieser Tropfen in einer Felsspalte, wird er den Fels spalten. Schon eine kleine Veränderung macht etwas mit dem Tropfen, was ihn befähigt, seine verborgenen Kräfte zu mobilisieren – mit so gewaltigen Folgen. Genau dasselbe gilt für Ideale. Solange sie nur Gedanken bleiben, hat ihre Macht keine Wirkung. Aber wenn sie sich in jemandes Persönlichkeit und Verhalten konkretisieren, dann führen sie zu gewaltiger Macht und großartigen Ergebnissen."
Ideale sind der Wunsch, aus dem Dunkel ins Licht zu gelangen. Wer von diesem Wunsch nicht beseelt ist, lebt weiterhin im Dunkel. Aber Ideale sind nicht bloße Wünsche, in ihnen steckt auch ein Entschluss. Denn nur ein Wunsch, ohne die feste Entschlossenheit ihn auch durchzuführen, führt zu gar nichts. Und außerdem besteht ein Ideal nicht nur aus Entschlossenheit; es gehört auch enorme Ausdauer dazu. Kein Saatkorn kann ohne ständige Anstrengung je zu einem Baum werden.

Ich habe gehört: „Ein Ideal, das nicht auch durch konkrete Bemühungen unterstützt wird, ist nutzlos. Und jede Bemühung, die nicht von einem Ideal beseelt ist, birgt große Gefahr."

Ideale sind der Wunsch, aus dem Dunkel ins Licht zu gelangen.

69

Der menschliche Geist ist alles; er will alles wissen. Aber wahres Wissen wird nur von denen gefunden, die verstanden haben, was der Geist selbst ist.

Jemand hat gefragt: „Was soll ich tun um die Wahrheit zu finden?" Meine Antwort: „Geh in dein eigenes Innere." Und das geht nur, indem man den Geist bei seinen Wurzeln packt. Sich den Kopf über seine Blätter und Äste zu zerbrechen ist zwecklos. Um den Geist bei den Wurzeln zu packen, schließe die Augen und beobachte still deine Gedanken. Fang an mit jedem beliebigen Gedanken und beobachte ihn von seiner Geburt bis zum Tod.

Lu Kwan Wu hat gesagt: „Fange deine Gedanken so, wie eine lauernde Katze auf die Maus springt." Er hat vollkommen recht. Du musst lauern wie eine Katze – eifrig, intensiv und wachsam. Die Aufmerksamkeit darf nicht nachlassen, keinen Moment. Sobald sich ein Gedanke regt, musst du draufspringen und ihn festhalten. Dann untersuche ihn gründlich, beobachte: Wo kam er her und wo will er hin? Und noch während du ihn untersuchst, wirst du plötzlich feststellen, dass er sich aufgelöst hat wie ein Luftblase im Wasser, oder verschwunden ist wie ein Traum. So solltest du es mit jedem Gedanken machen, der in dir aufkommt.
Diese Praxis schwächt enorm das Auftauchen von Gedanken, und wenn du sie ununterbrochen auf diese Art

angreifst, werden sie einfach nicht mehr kommen. Wenn keine Gedanken mehr da sind, wird der Geist absolut friedlich. Und genau dort, wo der Geist friedlich ist, befindet sich seine Wurzel. Wer ihn bei dieser Wurzel packt, betritt sein Innerstes. Und dieses betreten zu haben heißt, die Wahrheit gefunden zu haben.

Die Wahrheit ist im Erkennenden selbst verborgen. Sie wird nicht dadurch erkannt, dass man irgendetwas anderes erkennt. Nur wer den Erkennenden selbst erkennt, gelangt zur Wahrheit. Lauf also nicht dem Erkennen nach. Wenn du erkennen willst, dann musst du den Erkennenden jagen.

Die Wahrheit ist im Erkennenden selbst verborgen.

70

Auf der Wahrheitssuche wirst du dich selbst verwandeln müssen. Genauer gesagt: Sie ist weniger eine Suche und vielmehr eine Selbsttransformation. Alle, die wirklich reif sind für diese Veränderung, wird die Wahrheit von alleine suchen.

Ehe er ein Sannyasin wurde, war er der König von Balkh. Eines Nachts hörte er gegen Mitternacht jemanden auf dem Dach seines Palastes herumlaufen. Ganz überrascht rief er: „Wer ist da?"
Zur Antwort kam: „Kein Feind!"
Er fragte weiter: „Aber was machst du da oben?"
Die Antwort war: „Ich suche mein verlorenes Kamel."
Ibrahim war erstaunt über diese Worte, konnte sich aber auch nicht zurückhalten über diese Torheit zu lachen und rief: „Merkwürdig! Wie kann sich ein Kamel auf das Dach eines hohen Palastes verlaufen haben? Mein Freund, bist du bei Sinnen?"
Daraufhin begann auch der Fremde zu lachen und sagte: „Wer ist hier von Sinnen?! Ist der Geisteszustand, in dem du nach Gott suchst, nicht viel fragwürdiger als die Suche nach einem Kamel auf dem Dach eines hohen Palastes?"
Jeden Tag habe ich Gelegenheit, die Art von Leute kennenzulernen, die das Göttliche finden wollen, ohne sich selbst zu ändern. Dies ist absolut unmöglich, es ist ausgeschlossen. Das Göttliche ist keine äußere Realität.

Es ist nichts anderes als der letzte Verfeinerungszustand deines eigenen Bewusstseins. Und den zu finden heißt einfach nur, dass wir selbst dazu werden.

Das Göttliche ist der letzte Verfeinerungszustand deines eigenen Bewusstseins.

71

Ich kam einmal in ein Dorf, wo mich jemand fragte: „Was lehrst du?" Ich sagte: Ich lehre Träume. Ein Mensch, der nicht vom anderen Ufer, vom Jenseits träumt, wird niemals von diesem Ufer aus in See stechen. Nur Träume verleihen uns den Mut, uns auf das scheinbar endlose Meer zu wagen.

Inzwischen waren ein paar junge Männer dazugestoßen. Ich sagte zu ihnen: Denkt nicht nur an den Lebensunterhalt, denkt auch an das Leben: Auch das Ewige existiert, nicht nur das Zeitliche. Und wer das nicht erkennt, vergeudet sein Leben mit Unwesentlichem. Darauf erwiderten sie: „Wer hat schon Zeit für solche Sachen? Und überhaupt: Uns scheint all dieses Gerede von Wahrheit und Ewigkeit auch nur ein bloßer Traum zu sein."
Ich hörte ihnen zu und sagte dann: Freunde, der Traum von heute wird zur Wahrheit von morgen. Fürchtet euch nicht vor Träumen und untergrabt sie nie, indem ihr sie bloße Träume nennt, denn es gibt keine Wahrheit, die nicht ursprünglich als Traum geboren wurde.

Wahrheit kommt immer in Form eines Traumes zur Welt. Und gesegnet sind alle, die in den Tälern wohnen, aber von den Gipfeln zu träumen vermögen. Denn genau diese Träume sind es, die sie mit Sehnsucht anspornen und ihnen die nötige Kraft und Entschlossenheit verleihen werden, um die Höhen zu erklimmen. Denke darüber nach. Nimm dir irgendwann einen Augenblick Zeit, um darüber nachzudenken. Und versuche dir auch klarzumachen, dass wir nur das Heute in der Hand haben – uns steht immer nur dieser Augenblick zu.

Versteh, dass jeder Augenblick des Lebens voller Möglichkeiten ist und dass er nie wiederkehren wird. Zu sagen, du hättest keine Zeit für Träume, ist sehr selbstzerstörerisch. Damit bindest du dir nur unnötig die Füße mit deinen eigenen Händen. Mit solchen Gefühlen beschränkst du deinen Geist und zwängst ihn in gewisse Grenzen. Du beraubst dich damit der wunderbaren Freiheit, die dem Träumen innewohnt.

Und bedenke auch dies: Eine riesige Menge deiner Zeit geht mit vollkommen zwecklosen Unternehmungen drauf, die niemals Frucht tragen werden. Wie viel Zeit vertust du mit Streit um belanglose Dinge, mit Argumenten, die dir dein Ego einflüstert, mit Verleumden und Kritisieren? Man kann Zeit und Energie auf vielerlei Art und Weise vergeuden. Diese wertvolle Zeit ließe sich auch darauf verwenden, das Leben kennenzulernen, über sich selbst nachzudenken, sich selbst zu prüfen und zu meditieren. Nur hieraus werden die himmlisch duftenden Blumen geboren – und Musik, die nicht von dieser Welt ist.

Beobachte deine Träume und analysiere sie, da sie zweifellos die Vision dessen enthalten, was du sein und morgen werden wirst.

72

Das Ego ist voller Komplexität. Jeder, der den Wunsch hat einfach zu sein, wird sich dieser Wahrheit stellen müssen. Wenn er dies erfährt, wird sich die Einfachheit so natürlich einstellen wie der Schatten, der dir folgt.

Ein Sannyasin war hier. Er sagte, er habe all seine Bedürfnisse auf ein Minimum beschränkt und beschneide sie sogar noch weiter. Als er dies sagte, sah ich in seinen Augen denselben Stolz, den ich vor ein paar Tagen in den Augen eines jungen Mannes gesehen hatte, der gerade eine hohe Stellung erreicht hatte: den Stolz etwas geleistet zu haben, etwas darzustellen. Es ist dasselbe Gefühl, das ein Habgieriger hat, wenn er zu Geld kommt.

Jede Form von Begierde mit der Aussicht auf Erfüllung, bekommt diesen Glanz in den Augen. Was da so leuchtet, ist das Ego. Und vergiss nicht: Für ein einfaches Leben genügt es nicht lediglich äußere Bedürfnisse herunterzuschrauben. Der Grundstein zum einfachen Leben wird nur gelegt, wenn das Ego im Innern fällt. Tatsächlich vereinfachen sich unsere Bedürfnisse automatisch in dem Maße, wie das Ego abnimmt.

Wer das Gegenteil macht, der bläst sein Ego auf – selbst wenn er seine Bedürfnisse noch so sehr einschränkt. Er wird dadurch nur noch komplizierter statt einfacher. Auf diese Art und Weise wird man seine Kompliziertheit nicht los; sie wird sich lediglich eine neue Erscheinungsform zulegen. Was das Ego befriedigt, ist das Rennen darum, etwas zu leisten. Sein Lebenssaft heißt „mehr und mehr!" Alle die nichts anderes im Sinn haben als Dinge zu sammeln, leiden an dieser Manie des mehr und mehr; doch wer auf alles verzichten will, ist genauso versklavt. Beide enden in Leid und Qual, da das Ego immer nur leer ist. Es ist mit nichts zu füllen. Nur wer diese Wahrheit versteht und ganz und gar aufhört das Ego füllen zu wollen, kann zu wahrer Einfachheit und Besitzlosigkeit finden.

Es ist gefährlich, dich selbst dazu erziehen zu wollen, keine äußeren Dinge mehr zu besitzen. Wo im Innern kein Ego mehr ist, kann auch die Habgier nach äußeren Dingen nicht überleben. Aber hüte dich vor dem Trugschluss, dass das Ego in dir verschwinden werde, wenn du keine äußeren Güter mehr besitzt! Besitzgier ist nicht die Wurzel des Ego, das Ego ist die Wurzel der Besitzgier.

73

Säe in deinem Leben ein paar Saatkörner der Wahrheit, Güte und Schönheit. Hinterfrage nicht, was diese paar Saatkörner bewirken sollen, nur weil es so wenige sind. In jedem von ihnen stecken Tausende weitere. Denk immer daran, dass jedes einzelne Saatkorn einen ganzen Garten hervorbringen kann.

Heute habe ich zu jemandem gesagt: Schon mit geringem Zeitaufwand habe ich viel erfahren. Es hat mich nur wenige Augenblicke gekostet, meinen Geist zu befreien, und ich habe eine phänomenale Freiheit erfahren. In nur ein paar Augenblicken habe ich die Schönheit von Blumen, Wasserfällen, Mond und Sternen erfahren und dadurch nicht nur Schönheit erlebt, sondern auch, dass ich selbst schön wurde. Ich habe nur ein paar Augenblicke der Güte gewidmet, und es ist kaum zu beschreiben, wie sehr sie mich beseligt hat. Seitdem sage ich immer, wie leicht die Göttlichkeit zu erfahren ist.

Wenn wir aber nicht einmal dazu bereit sind, ein paar Schritte auf sie zuzugehen, dann ist das sehr bedauerlich. Widme der Wahrheit, dem Frieden, der Schönheit, der Güte ein wenig Energie und Zeit – und du wirst die Gipfel des Lebens auf dich zukommen sehen. Eine völlig neue Welt wird ihre Türen öffnen, in deren Schoß viele spirituelle Kräfte verborgen sind. Jeder, der sich nach Wahrheit und

Frieden sehnt, wird spüren, dass sie nach und nach seins werden. Und jeder, der durch Schönheit und Güte inspiriert wird, spürt sie in seinem Innern wachsen.

Wenn du morgens aufstehst, empfinde die Sehnsucht, dass der heutige Tag etwas zur Wahrheit, Güte und Schönheit beitragen möge. Und prüfe abends, ob du den Gipfeln des Lebens näher bist als gestern. Selbstbeobachtung erzeugt eine tiefe Sehnsucht nach Verwandlung – und ein tiefes Sehnen verwandelt dich.

Selbstbeobachtung erzeugt eine tiefe Sehnsucht nach Verwandlung.

74

Jeder, der zur Wahrheit finden möchte, muss jeden Tag und jeden Augenblick prüfen, ob das, was er gerade macht, ein Hindernis sein wird auf dem Weg zur Wahrheit.

Folgende Geschichte:
In einem Zirkus zwingt ein alter Artist seine Frau, sich vor ein hölzernes Brett zu stellen, bevor er Messer auf sie wirft. Jeder Messerwurf streift und verfehlt nur knapp verschiedene Teile ihres Körpers – ihren Hals, ihre Schultern, Arme und Beine –, bevor das Messer im Holz stecken bleibt. Einen Zentimeter daneben, und sie müsste sterben. Er machte diese Show nun schon seit dreißig Jahren. Inzwischen interessierte sie ihn nicht mehr, er hatte genug von ihrer Streitsucht und Boshaftigkeit; in seinem Herzen hat sich mehr und mehr Hass auf sie angestaut. Eines Tages ist sein Verstand so vergiftet davon, dass er das Messer in der Absicht wirft, sie zu töten. Er zielt sehr genau, will mitten ins Herz treffen, damit alles schnell vorbei sein wird. Dann schleudert er das Messer mit aller Kraft. Voller Wut und Aufregung schließt er die Augen. Im Geiste stellt er sich vor, wie das Messer ihr Herz durchbohrt, Blut herausquillt und seine Frau mit einem Seufzer tot in sich zusammensackt.
Voller Angst öffnet er seine Augen und sieht seine Frau da stehen – quicklebendig, mit einem Lächeln im Gesicht. Das Messer hatte sich wie immer fest ins Brett gebohrt und

ihren Körper verfehlt! Er wirft die übrigen Messer mit derselben Wucht … voller Wut, Hass und Rachsucht, mit der Absicht zu töten, aber jedes Messer landet wie immer im Holz. Er sieht auf seine Hände, Tränen des Scheiterns in den Augen, und fragt sich, was bloß mit seinen Händen los ist. Er ist sich nicht bewusst, dass er inzwischen so geschickt und geübt ist, dass er Opfer seiner eigenen Kunst geworden ist!

Genauso geschickt sind wir im Falschen, im Schlechten geworden, dass uns das Gute und Schöne sehr schwer fällt, selbst wenn wir es wollen. Jeden Tag – und mit unseren eigenen Händen – würgen wir uns selbst mehr und mehr ab. Und je abgewürgter wir sind, desto weiter entfernt sind wir von der Wahrheit.

All unsere Emotionen, Gedanken und Handlungen – sind das, was uns ausmacht. Wir sind einfach nur ihre Summe. Darum muss jeder, der zu den Gipfeln der Wahrheit möchte, unbedingt darauf achten, dass er sich nicht mit Steinen belastet statt in die Höhe zu steigen.

75

Unser Lebensweg ist mit Dunkel erfüllt. Aber vergiss nicht: Das Licht eines anderen ist in diesem Dunkel nutzlos. Nur dein eigenes Licht kann dein Begleiter sein. Alle, die sich auf das Licht eines anderen verlassen, betrügen sich nur selbst.

Ich habe gehört…
Ein Meister sagte zu seinem Schüler: „Suche die wahre Erkenntnis. Nur das – sonst gibt es keinen anderen Weg."
Der Schüler erwiderte: „Ich habe mich für Selbstdisziplin entschieden. Braucht man denn auch noch Wissen, wenn man sein Verhalten diszipliniert?"
Der Meister darauf: „Mein Freund! Hast du je das Verhalten eines Elefanten gesehen? Erst nimmt er ein Bad im See, und sobald er aus dem See herauskommt, bedeckt er sich am ganzen Leib mit Staub. Nichts anderes tut auch ein Unwissender. Mangels wahrer Erkenntnis kann Disziplin dein Verhalten nicht lange rein halten."
Der Schüler sagte sehr höflich: „Gesegneter, ein Kranker geht einfach zum Arzt; er versucht nicht selbst die medizinische Wissenschaft zu studieren und ein Fachmann zu werden. Du bist mein Leuchtturm. Eines weiß ich mit Sicherheit: Nie wirst du zulassen, dass ich einen areligiösen Weg einschlage. Warum also muss ich zur wahren Erkenntnis finden?"

Daraufhin wurde der Meister sehr ernst und erzählte die folgende Geschichte: „Es gab einmal einen alten Brahmanen. Als er erblindete, wollten seine Kinder, dass er sich einer Augenoperation unterziehe – er weigerte sich jedoch mit den Worten: ‚Wozu brauche ich Augen? Ich habe acht Söhne, acht Schwiegertöchter, und überdies eure Mutter. Ich verfüge über vierunddreißig Augen. Was macht es da für einen Unterschied, wenn es zwei weniger sind?'
Der Vater ignorierte den Rat seiner Söhne. Doch eines Abends fing das Haus plötzlich Feuer. Alle rannten aus dem Haus, um ihr Leben zu retten. Keiner hatte an den Alten gedacht, und so verbrannte er im Feuer zu Asche. Darum sage ich, mein Sohn: Bestehe nicht darauf, unwissend zu bleiben. Erkennen heißt eigene Augen zu haben. Es gibt keine andere Sicherheit als diese."

Die Wahrheit ist weder aus heiligen Schriften zu haben, noch von denen, die die Schriften verfasst haben. Die Tür zu ihr befindet sich in dir. Finden kann sie nur, wer in sich selbst sucht. Sich selbst zu vertrauen ist die einzige Stärke, die dem hilflosen Menschen bleibt.

76

Finde einen einzigen Strahl der Wahrheit, und dieser Strahl wird dich radikal verwandeln. Alle, die einen Schimmer von ihr erhaschen, werden unweigerlich eine große Revolution erleben.

Gustav Meyrink schreibt in seinen Memoiren, ein chinesischer Freund habe ihm einmal eine sehr kostbare und kunstvolle Schatulle als Geschenk geschickt. Im Begleitschreiben bestand der Freund darauf, dass er die Schatulle nur in der Ost- oder Westseite des Hauses aufstellen dürfe, da sich ihre ganze Schönheit nur zeige, wenn sie nach Osten weise. Meyrink hielt sich an die Anweisung seines Freundes und stellte die Schatulle so hin. Aber schon bald merkte er, dass sie nicht zu den anderen Sachen im Raum passte. Alles wirkte irgendwie am falschen Ort, also fing er an umzuarrangieren: Der Tisch, auf dem die Schatulle stand, musste z.B. ausgetauscht werden, ja, das ganze Zimmer musste neu eingerichtet werden, und nach einer Weile musste das Haus renoviert werden, um mit diesem Raum in Einklang zu kommen. Und selbst der Garten hinter dem Haus musste neu gestaltet werden!

Diese Anekdote ist sehr bedeutsam: dasselbe geschieht auch im Leben. Eine einzige Erfahrung der Wahrheit oder Schönheit oder Güte krempelt alles im Leben um. Du musst dich ihretwegen transformieren.

Einer, dem es gelingt, auch nur eine winzige Ecke seines Lebens friedlich und schön zu machen, wird schon bald erleben, wie sich sein ganzes Leben vollkommen verändert. Seine höheren Seiten beginnen seine niederen Seiten zu transformieren. Das Höhere verwandelt das Niedere.
Merke dir: Ein einziger Tropfen Wahrheit hat mehr Macht als ein ganzes Meer von Lügen.

Eine einzige Erfahrung der Wahrheit oder Schönheit oder Güte krempelt alles im Leben um.

77

Der Tod schreckt nur den, der glaubt, nichts weiter als der Körper zu sein. Wenn er etwas tiefer in sein Inneres vordringt, wird er einen Ort finden, wo es überhaupt keinen Tod gibt. Nur wer diesen Ort der Todlosigkeit kennt weiß, was Leben heißt.

Eine Prinzessin verliebte sich einmal in den Körper eines jungen Sannyasin, und der Kaiser bat ihn sie zu heiraten. Der Sannyasin sagte: „Es gibt mich gar nicht, wer also soll sie heiraten?" Der Kaiser, der dies als Beleidigung verstand, befahl, dem Sannyasin den Kopf abzuschlagen.
Der Sannyasin erwiderte: „Mein lieber Kaiser, ich hab von Anfang an keine Verbindung mit meinem Körper gehabt. Da gibt es ein Missverständnis. Wie kann dein Schwert trennen, was längst getrennt ist? Aber bitte, ich bin bereit, und ich heiße dein Schwert durchaus willkommen mir meinen sogenannten Kopf abzuschlagen, so wie der Frühlingswind die Blüten von den Bäumen pustet."
Und es war tatsächlich Frühling und die Blüten fielen von den Bäumen. Der Kaiser sah die fallenden Blüten, sah aber auch die Augen des Sannyasins, die selig leuchteten, obwohl dieser dem Tod ins Auge sah. Nach kurzer Überlegung sagte er: „Es macht keinen Sinn, einen zu töten, der keine Angst vor dem Tod hat und für den der Tod so selbstverständlich ist wie das Leben. Selbst der Tod kann so einen Mann nicht töten."

Alles, was ein Ende haben kann, ist nicht das Leben. Alles, was durch den Tod ausgelöscht und durch Feuer verbrannt werden kann, ist nicht das Leben. Alle, die solche Dinge für das Leben halten, werden nie wissen, was es heißt zu leben. Sie leben einfach nur im Schatten des Todes… und genau das ist der Grund, warum sie Angst vor ihm haben Das Zeichen dafür, das Leben gefunden und erkannt zu haben, ist die Angstlosigkeit vor dem Tod.

Alles, was ein Ende haben kann, ist nicht das Leben.

78

Was ist der größte mystische Schlüssel zum Leben? Immer, wenn mir jemand diese Frage stellt, erwidere ich: Lebend zu sterben.

Ein Kaiser wollte einmal einen jungen Mann ehren, dessen außergewöhnlicher Dienst und Mut ihm gefallen hatte. Öffentlich ließ er verkünden, dass ihm die höchste Ehre und Stellung im Lande übertragen werde. Jedoch sprach sich herum, dass der junge Mann weder glücklich noch zufrieden damit sei.

Der Kaiser ließ ihn rufen und fragte: „Was hättest du gern? Ich bin bereit, dir zu geben, was immer du willst. Deine Verdienste übertreffen fraglos jeglichen Lohn."

Der junge Mann sagte: „Großer Kaiser, worum ich bitte ist wenig, und ich möchte weder Reichtum noch Rang, Ehre oder Status; ich möchte nur das: Seelenfrieden."

Dies hörend verstummte der Kaiser für ein Weilchen. Dann sagte er: „Wie kann ich dir geben, was ich selbst nicht habe? Seelenfrieden. Selbst ich besitze nicht solchen Reichtum."

Er brachte den Mann zu einem Weisen, der in den Bergen lebte und Frieden gefunden hatte. Diesem trug der junge Mann sein Anliegen vor. Eine Aura himmlischen Friedens und Seligkeit umgab den Weisen, doch der Kaiser bemerkte, dass auch der Weise bei den Worten des jungen Mannes verstummte, genau wie er selbst.

Der Kaiser sagte zu dem Weisen: „Es ist auch mein Wunsch, dass du diesem jungen Mann Frieden schenken mögest. Das ist der Lohn, um den er für seine Dienste und Ergebenheit gebeten hat. Ich selbst habe keinen Frieden, wie also könnte ich ihm Frieden geben? Darum habe ich ihn zu dir gebracht."
Der Weise erwiderte: „Mein König, Frieden ist nicht die Art von Reichtum, die man von jemand anderem bekommen oder ihm geben kann. Man muss ihn selbst finden. Was du von anderen empfängst, kann dir auch von anderen genommen werden. Und am Ende wird es dir mit Sicherheit der Tod nehmen. Das einzige, was dir der Tod nicht wegnehmen kann, ist der Schatz, den du in dir selbst findest – den hast du keinem anderen genommen. Der Friede ist größer als der Tod – weshalb ihn dir kein anderer geben kann."

Ein Mystiker hat mir diese Geschichte erzählt. Daraufhin sagte ich: Gewiss, der Tod kann dir deinen Frieden nicht entreißen. Nur wer es versteht, vor dem Tod zu sterben, kann solchen Frieden finden.

Hattest du schon die Erfahrung des Todes? Wenn nicht, befindest du dich in den Klauen des Todes. Der Mangel an Frieden, den alle immerzu beklagen, ist einfach ihre Angst, in den Händen des Todes zu sein. Allerdings, lieber Freund, hast du die Möglichkeit vor deinem Tod zu sterben. Wer so lebt, dass er sich beim Leben nicht mit dem Leben identifiziert, lernt den Tod kennen und lässt ihn hinter sich.

79

Die Wahrheit wird nicht in den Grenzen der Wörter und heiligen Schriften gefunden. Wo es Grenzen gibt, gibt es keine Wahrheit. Wahrheit ist grenzenlos, unendlich. Um die Wahrheit zu finden, musst du die Grenze der Gedanken sprengen. Das Unendliche ist nur zu erkennen, indem man unendlich wird. Kaum ist das Bewusstsein von der Grenze der Gedanken befreit, wird es unendlich. Das ist genauso, wie wenn ein Tontopf zerbricht... Der gespiegelte Himmel verschmilzt mit dem grenzenlosen Himmel darüber.

Die Sonne stand bereits im Zenit. Ein schöner Schwan, der von einem Meer zum andern flog, landete, erschöpft von dem langen Flug und der Hitze, neben einem Brunnen und wollte sich ausruhen. Kaum war er gelandet, hörte er eine Froschstimme aus dem Innern des Brunnens rufen: „Freund, wer bist du und von wo kommst du her?"
Der Schwan erwiderte: „Ich bin ein armer Schwan und das Meer ist mein Zuhause."
Der Frosch hatte bisher noch niemanden getroffen, der das Meer kannte. Er fragte: „Wie groß ist das Meer?"
Der Schwan antwortete: „Endlos."
Daraufhin machte der Frosch einen Sprung im Brunnen und sagte: „So groß?"
Da lachte der Schwan und sagte: „Lieber Frosch, nein, unendlich viel größer als das!"

Da machte der Frosch einen noch größeren Sprung und sagte: „So groß?"
Da der Schwan auch dies verneinte, sprang der Frosch quer durch den Brunnen und fragte: „Also so groß?! Etwas Größeres kann es ja gar nicht geben!" – mit einem Hoffnungsschimmer in den Augen, da er ganz sicher mit einem Ja rechnete.
Doch wiederum sagte der Schwan: „Nein, mein Freund, nein. Man kann das Meer unmöglich mit deinem Brunnen vergleichen."
Da lachte der Frosch sarkastisch auf und sagte: „Mein Herr, auch das Lügen hat eine Grenze. Das Meer kann nicht größer sein als meine Welt!"

Was sage ich allen Wahrheitssuchern? Ich sage: „Wenn ihr wissen wollt, wie groß das Meer der Wahrheit ist, dann kommt aus dem Brunnen eures Verstandes heraus. Es ist einfach ausgeschlossen, die Wahrheit durch den Verstand zu finden. Die Wahrheit ist unermesslich. Nur wer all seine Schranken niederreißt, kann sie finden. Sie sind das einzige Hindernis. Sobald sie verschwinden, erkennt er nicht nur die Wahrheit, sondern wird eins mit ihr. Einszuwerden mit der Wahrheit heißt, sie zu erkennen.

80

Bist du ein Mensch? Deine Menschlichkeit wird so hoch sein, wie deine Liebe tief ist. Und je größer deine Besitzgier, desto kleiner deine Menschlichkeit. Liebe und Besitzgier verkörpern zwei unterschiedliche Richtungen im Leben. Wenn die Liebe total ist, verschwindet die Besitzgier. Aber die Liebe lässt sich nie bei den Leuten blicken, deren Kopf voller Gier ist.

Eine Kaiserin hatte befohlen, dass man nach ihrem Tod folgende Zeilen auf ihren Grabstein setzen solle: „Ein unermesslicher Schatz liegt in diesem Grab. Jeder, der verarmt und hilflos ist, darf ihn ausgraben und sich ihn holen."
Tausende von armen Leuten und Bettlern kamen an dem Grab vorbei, aber keiner war *so* arm, dass er das Grab eines Toten ausheben würde, um einen Schaftz herauszuholen.
Ein uralter und notleidender Bettler der seit Jahren in der Nähe des Grabes wohnte, zeigte jedem vorbeikommenden Armen den Grabstein. Bis irgendwann jemand kam, der so arm war, dass er sich nicht zurückhalten konnte den Schatz auszugraben. Wer war er? Er war ein Herrscher, der soeben das Land in dem das Grab lag, erobert hatte. Und als Allererstes grub er, ohne zu zögern, das Grab aus. Doch was fand er dort? Statt eines unermessliches Schatzes fand er nur eine Steintafel mit folgenden eingravierten Worten: „Mein Freund, bist du ein Mensch?"

Natürlich, wie konnte einer, der ein Mensch ist, je dazu bereit sein, die Totenruhe zu stören? Aber was für einen Unterschied macht das für einen, der nur allzu gern um des Reichtums willen die Lebenden tötet?
Als der Eroberer die Grabstätte verließ, schwer enttäuscht und gedemütigt, sahen die Leute, wie der alte Bettler, der in der Nähe des Grabes lebte, laut lachte. Der Bettler sagte: „Ich habe all die Jahre gewartet, und jetzt ist mir endlich der notleidendste, der schwächste und ärmste Mensch auf dieser Erde begegnet!"

Jemand, der keine Liebe im Herzen hat, ist arm, notleidend, hilflos und schwach. Liebe ist Macht, Liebe ist Reichtum, Liebe ist Gott. Jeder, der nach einem anderen Reichtum als die Liebe sucht, wird eines Tages von seinem Reichtum gefragt werden: „Bist du ein Mensch?"

81

„Ich bin in dieser Welt und ebenso nicht in dieser Welt!" Erst wenn einer dies erfahren kann, erfährt er das Mysterium des Lebens. Es ist das eine, als jemand gesehen zu werden, der zu dieser Welt gehört, aber tatsächlich auf der Welt zu sein ist etwas ganz anderes. Als jemand gesehen zu werden, der auf der Welt ist, ist etwas Physisches, aber der Welt anzugehören ist – spirituell gesehen – eine Katastrophe. Solange man lebt, wird der Körper auf der Welt bleiben. Aber wer sich nach diesem anderen Leben sehnt – welches niemals endet – wird sich von dieser Welt distanzieren müssen.

Einem Sannyasin kam einst zu Ohren, dass der Kaiser des Landes erleuchtet sei. Die Überraschung machte ihn sprachlos. We war es möglich, dass einer, der nie im Leben entsagt hatte, zum Göttlichen finden konnte. Er ging in die Hauptstadt und war beim Kaiser zu Gast. Er sah ihn kostbare Kleider tragen, köstliche Speisen aus goldenen Schüsseln essen – und am Abend sah er ihn Musik, Festlichkeiten und den Tanz genießen. Als der Sannyasin all dies sah, bezweifelte er erst recht, dass der Kaiser erleuchtet war. Es war einfach nicht zu fassen! Irgendwie überstand er die Nacht, aber vor lauter Zweifeln und Sorgen tat er kein Auge zu.
Früh am Morgen lud ihn der Kaiser ein, mit ihm im Fluss zu baden. Kaum waren sie im Fluss, als die ruhige Atmosphäre

von lauten Schreien gestört wurde. Aus allen Ecken schrie es „Feuer! Feuer! Feuer!" Der Palast, der in stiller Majestät am Flussufer stand, brannte lichterloh. Die riesigen Flammen erreichten bald das Flussufer. Plötzlich fand sich der Sannyasin die Uferstufen hochrennen, um seine safrangelbe Robe zu retten. Die Anwesenheit des Kaisers hatte er völlig vergessen. Als er sich umdrehte, sah er den Kaiser noch immer im Wasser stehen. Dieser sagte: „Oh Mönch, selbst wenn mein ganzes Reich abbrennt, wird nichts, was mein ist, verbrannt sein." Der Name des Kaisers war Janak und der Mönch hieß Shukdev.

Wenn mich die Leute fragen: „Was ist Yoga?", dann antworte ich: Yoga heißt, sich durch nichts aus der Ruhe bringen zu lassen. Lebt auf der Welt, aber gehört ihr nicht an. Wenn das Bewusstsein unberührt ist von dem, was außen ist, kommt es in sich zur Ruhe.

82

Denk daran: Du wirst nicht an dem erkannt werden, was du hast, sondern an dem, was du bist. Das allein ist dein Reichtum, und das allein bist du. Wenn du dir dessen bewusst bist, hast du für alles gesorgt.

Es gibt eine Geschichte über einen alten, blinden Mystiker, der mitten auf der Straße stand, als der königliche Hofstaat nahte. Erst kamen die Fußsoldaten, deren Aufgabe es war, die Straße vor dem königlichen Hof zu räumen, damit er ungehindert durchkam. Sie stießen den Alten mit den Worten beiseite: „Du Narr, mach, dass du fortkommst. Bist du blind? Kannst du nicht sehen, dass gleich die königliche Kutsche kommt?"
Der alte Mann lachte und sagte: „Genau deswegen." Und er blieb da, wo er stand.
Dann kam ein zweiter Trupp von Soldaten, die Reiter. Sie sagten: „Mach den Weg frei, die Kutsche des Königs naht." Doch der Alte blieb stehen, wo er stand und sagte: „Genau deswegen."
Dann kamen die Minister des Königs. Sie sagten kein Wort zu dem alten Mann und ritten schweigend um ihn herum. Der Mystiker wiederholte noch einmal: „Genau deswegen."
Dann kam die königliche Kutsche. Der König stieg aus seiner Kutsche aus und berührte die Füße des alten Mannes. Da lachte der Fakir laut und sagte: „Ist der König eingetroffen? Genau deswegen."

Dann fuhr die Kutsche weiter. Die Leute, die den alten Mann lachen gesehen und ihn wiederholt sagen gehört hatten „genau deswegen“, fragten ihn, warum er das gesagt habe.
Er erwiderte: „Jeder ist das, was er ist, aufgrund seines Verhaltens.“

Ich werde gesehen in dem, was ich denke, was ich spreche, was ich mache. Und jeder, der all diese Aspekte seines Selbst beobachten und prüfen kann, wächst immer weiter, steigt immer höher und höher. Wer will schon wissentlich auf der untersten Stufe stehen bleiben?

83

Spannungen und Zwänge im Leben beruhen auf dem Konflikt zwischen dem Ich und dem Nicht-Ich. Das ist die Wurzel von Angst und Unglück. Jeder, der diese Dualität überwindet, geht ins Göttliche ein.

Ein junger Mann hat mich gefragt: „Ich suche nach dem Göttlichen. Was soll ich tun, um Gott zu finden?" Ich sagte: Mache aus deinem Ich entweder eine Null oder das Ganze. Er begriff nicht, also musste ich ihm eine Geschichte erzählen:

Einmal trafen sich zwei Mystiker. Hunderte ihrer Schüler waren ebenfalls da. Es war wohlbekannt, dass die beiden Mystiker völlig entgegengesetzte Ansichten hatten. Der eine Mystiker fragte den anderen: „Mein Freund, was hat dir die Suche deines Lebens erbracht? Was mich betrifft, so habe ich mein Ich verloren. Es ist immer schwächer geworden und jetzt ist es vollkommen ausradiert. Es ist spurlos verschwunden. Jetzt gibt es mich nicht mehr, nur noch ‚das ist'. Alles ist, nur ich nicht. Alles ist der Wille der Existenz. Und nur mit ihrer Strömung mitzugehen… welch eine Seligkeit! Einfach nur als Nichts zu leben.
Ich habe alles gefunden, was es für mich zu finden gab, und alles, was ich werden sollte, bin ich geworden. Ach, wie viel Kraft es gibt, sein Ich loszulassen, wie viel Frieden und Schönheit es mit sich bringt, sein Ich loszulassen!"

Daraufhin sagte der zweite Mystiker: „Freund, ich bin einfach nur zum Ich geworden. Jetzt existiert nur mein Ich, es gibt nichts anderes mehr. Ich bin alles. Außer dem Ich existiert einfach nichts. *Aham brahmasmi* – ich bin das Ganze. Ich bin es, der den Mond und die Sterne bewegt; ich bin es, der die Schöpfung zeugt und vernichtet. Dies ganze Spiel der Schöpfung ist nichts weiter als mein Wille. Und, mein Freund, in diesem Triumph des Ich liegt so viel Seligkeit, so viel Frieden, so viel Schönheit!"

Als die Schüler beider Mystiker dieses Gespräch verfolgten, waren sie ratlos. Und umso rätselhafter war es, dass die beiden, als sie Abschied nahmen, einander umarmten und sagten: „Wie sich unsere Erfahrungen gleichen! Wir sind genau entgegengesetzten Wegen gefolgt und sind dennoch zur selben Wahrheit gelangt."

Wenn es auf Null reduziert wird, ist das Ich das Ganze. Und wenn es sich ausdehnt, bis es das Ganze ist, wird das Ich zu Null. Null und das Ganze sind ein und dasselbe. Wer vom Nichts ausgeht, kommt im *Nirvana* an, dem ultimativen Nichts. Und wer vom Ganzen ausgeht, kommt im *Brahman* an, dem absoluten Ganzen. Aber sind *Nirvana* und *Brahman* nicht zwei Namen für denselben Zustand?

84

Im Namen Gottes werden Fantasmen gelehrt. Aber zur Erkenntnis der Wahrheit gelangt man nicht durch Vorstellungen, sondern erst, nachdem man jegliche Vorstellung aufgegeben hat. Wer in Vorstellungen lebt, der lebt in einem Traum. Er sieht, was er zu sehen wünscht, und nicht, was wirklich da ist.

Ein Sufi Mystiker folgte einmal der Einladung einer Schule, in der man großen Wert darauf legte, die Kinder Konzentration zu lehren. Man brachte ihm zehn oder zwölf Kinder, und jedes von ihnen sollte sich mit all seiner geistigen Kraft auf eine weiße Leinwand konzentrieren und dann sagen, was es darauf sah.
Eins der Kleinen starrte hin, und sagte nach langem Hinschauen: „Ich sehe eine Rosenblüte." Sogar seine Augen verrieten, dass er eine Rose sah. Jedes Kind sah etwas anderes; alle sahen nur ihre eigenen Vorstellungen.
Aber sehen nicht viele Ältere genau wie Kinder nur die Projektionen ihrer Vorstellungen? Tatsächlich bleibt jeder unreif, der nicht über seine Vorstellungen hinauswächst. Reife stellt sich erst ein, indem man ohne Vorstellungen hinsieht. Dann sagte ein anderes Kind, das sehr lange darauf gestarrt hatte: „Nichts. Ich sehe gar nichts."
Man forderte es auf, noch einmal hinzusehen, aber selbst nach dem zweiten Mal sagte es: „Tut mir leid. Was kann ich machen? Da ist einfach nichts!"

Seine Lehrer waren von ihm enttäuscht und schickten es weg, mit dem Kommentar, es könne sich nicht konzentrieren. Sie waren hocherfreut über die Kinder, die etwas gesehen hatten. Dabei kam das Kind, das in ihren Augen versagt hatte, der Wahrheit näher als alle anderen. Es sah die Wirklichkeit.

Die Wahrheit ist keine menschliche Einbildung – so wenig wie das Göttliche. Wer durch die Brille der Einbildungen sieht, sieht Unwirkliches. Einbildungen sind nicht Meditation, sondern das absolute Gegenteil vom Zustand der Meditation. Dort, wo Einbildungen aufhören, fängt das Meditieren an. Das, was nicht durch Einbildung, sondern durch Meditation erkannt wird, ist Wahrheit.

Wer in Vorstellungen lebt, der lebt im Traum.

85

Ich kam einmal in ein Dorf, wo ein paar Leute mich fragten: „Gibt es einen Gott? Wir würden ihn gern finden." Ich erwiderte ihnen: „Es gibt nichts als das Göttliche. Alles, was existiert, ist göttlich. Allerdings können diejenigen das nicht erkennen, die bis obenhin voll von ihrem Ich sind. Sie können es erst erkennen, wenn sie sich selbst aufgeben.

Es war einmal ein König, der das Göttliche erfahren wollte. Er ging zu einem Ashram und wurde man sagte ihm: „Entsage allem, was du hast. Dann ist es leicht, das Göttliche zu erfahren."
Der König ging heim, entsagte allem und kehrte zum Ashram zurück. Er hatte seinem Königreich entsagt und seinen ganzen Reichtum unter die Armen und Notleidenden verteilt. Er kam wie ein Bettler. Doch bei seinem Anblick sagte der Leiter des Ashrams: „Freund, du hast ja noch alles dabei!"
Der König konnte nicht verstehen, was er meinte. Man gab ihm den Job, den Ashram sauberzuhalten und den Müll zu entsorgen. Die anderen empfanden dies als etwas schroff, aber der Abt sagte: „Er ist noch nicht bereit, die Wahrheit zu erfahren, und ohne Bereitschaft geht es nicht."
Nach ein paar Tagen baten sie den Abt erneut, den König von seiner harten Aufgabe zu befreien, also sagte er: „Stellen wir ihn auf die Probe."

Am nächsten Tag, als der König mit dem Abfalleimer auf dem Kopf zur Müllhalde vor dem Dorf ging, rempelte ihn ein Mönch an.
Er fuhr den Übeltäter an: „Mein Herr, vor zwei Wochen wäret Ihr wohl nicht so blind gewesen!"
Als der Abt dies hörte, sagte er: „Hab ich euch nicht gesagt, dass seine Zeit noch nicht reif ist? Er ist noch ganz derselbe."
Ein paar Tage später wurde der König wieder angerempelt. Diesmal starrte er nur und sagte kein Wort, aber seine Augen sagten alles, was es zu sagen gab!
Als der Abt davon erfuhr, sagte er: „Wie leicht ist es doch, seinen Reichtum aufzugeben, aber wie schwer, sein Ego aufzugeben."
Derselbe Vorfall ereignete sich ein drittes Mal. Diesmal las der König den ringsum zu Boden gefallenen Müll einfach nur auf, warf ihn wieder in die Tonne und ging seines Weges, als wäre nichts geschehen.
Noch am selben Tag sagte der Abt: „Jetzt ist er bereit. Wer bereit ist sich auszulöschen, ist es wert, das Göttliche zu erfahren."

Wenn du dich nach der Wahrheit sehnst, dann lass dein Ego los. Es gibt keine größere Lüge als das „Ich". Das fallen zu lassen ist Sannyas: Es kommt darauf an, dem „Ich" zu entsagen, nicht der Welt. Denn im Grunde ist das Ich die Welt.

86

Jemand hat gefragt: „Was ist Angst?" und ich erwiderte: Unwissenheit. Angst heißt, dich selbst nicht zu kennen; denn wer nicht weiß, wer ist, kennt nur den Tod. Dort, wo Selbsterkenntnis, Erleuchtung herrscht, gibt es nur Leben und nichts als Leben; dort waltet Gott und nur Gott. Und in Gott sein heißt ohne Angst sein. Vorher ist alle Angstlosigkeit unecht.

Die Sonne versinkt gerade, als Mohammed sich mit einem Gefährten hinter einem Felsen versteckt; der Feind ist ihnen auf den Fersen und sie schweben in Lebensgefahr. Sie hören, wie mit jeder Sekunde das Getrappel der feindlichen Armee näher kommt.
Mohammeds Gefährte sagt: „Jetzt sind wir verloren; sie sind in der Überzahl und wir sind nur zu zweit!" Seine Erschrockenheit und Todesangst sind nur natürlich, sie haben vielleicht nicht mehr lange zu leben. Doch Mohammed muss bei diesen Worten lachen und sagt: „Zwei? Sind wir nur zwei? Nein, nicht zwei, sondern drei: du, ich und Gott." Seine Augen sind friedlich und er hat keine Angst im Herzen.

In Augen, in denen Gott wohnt, gibt es keinen Tod – so wenig wie die Dunkelheit herrscht, wo Licht ist. Gewiss, wenn eine Seele da ist, wenn Gott da ist, dann gibt es keinen Tod. Denn in Gott kann es nur Leben geben. Und wenn kein Gott da ist, dann ist alles Tod. Was für eine Verbindung könnte es zwischen Tod und Leben geben? Im selben Moment, da du das Leben kennst, löst der Tod sich auf. Die Todesangst ist nichts anderes als die Unkenntnis des Lebens.

Religiosität ist eine Möglichkeit, sich über die Angst zu erheben; sie ist die Brücke, die mit dem Leben verbindet. Alle, die meinen, dass Religiosität auf Angst beruhe, haben entweder keine Ahnung von Religiosität, oder das, was sie für Religiosität halten, ist keine. Angst ist Areligiosität – denn was soll areligiös sein, wenn nicht die Unkenntnis des Lebens?

Todesangst ist nichts anderes als die Unkenntnis des Lebens.

87

Was ich sehe ist, dass die meisten Leute nur aus Kleidern und nichts als Kleidern bestehen! So als hätten sie nichts weiter zu bieten als ihre Kleider. Jemandem, der nicht weiß, wer er ist, ob er existiert oder nicht, ist alles egal. Und soll ich diejenigen, die nur Kleider und nichts als Kleider sind, lebendig nennen? Nein, meine Freundin, sie sind tot und ihre Kleider sind ihre Gräber.

Ein äußerst naiver und einfacher Mann fragte einmal einen Mystiker: „Was ist der Tod? Und woran erkenne ich, dass ich gestorben bin?"
Der Mystiker sagte: „Mein Freund, wenn deine Kleider abgetragene Lumpen geworden sind, erkenne, dass du gestorben bist." Von dem Tage an steckte der Mann seine ganze Energie in die Sorge für die Kleider, die er trug. Er hörte sogar auf sich zu baden, weil man dafür seine Kleider wieder und wieder ausziehen muss, sie waschen und wieder anziehen muss, was sie nur mürber machen würde. Seine Sorge schien ihm durchaus berechtigt, da für ihn seine Kleider sein Leben waren! Aber Kleider sind schließlich nur Kleider, und irgendwann waren sie zerlumpt und abgetragen. Als er sah, wie zerstört sie waren, begann der Mann untröstlich zu weinen, da er meinte, er wäre bereits gestorben. Als die Leute ihn so bitterlich weinen sahen, fragten sie ihn, was passiert sei. Er erwiderte: „Ich bin gestorben; meine Kleider sind jetzt abgetragene Lumpen."

So unwahrscheinlich und unvorstellbar dies auch klingen mag… aber ich frage dich: Ergeht es nicht jedem genauso, dass er sich für zerstört hält, wenn seine Kleider zerstört sind? Was ist der Körper anderes als Kleidung?
Wer sich nur für den Körper hält, versteht seine Kleidung als sein Leben. Dann hat er, wenn seine Kleider zerlumpt und abgetragen sind, das Gefühl, sein Leben gehe zu Ende. Dabei hat das Leben weder Anfang noch Ende.

Nur der Körper wird geboren, und nur der Körper stirbt. Was sich jedoch in uns befindet, ist kein Körper, sondern das Leben. Wer dies nicht erkennt, ist mitten im Leben vom Tod umfangen. Und wer dies erkennt, entdeckt sogar noch Leben im Tod.

Nur der Körper wird geboren, und nur der Körper stirbt.

88

**Jemand hat gefragt: „Was sind Himmel und Hölle?"
Ich habe gesagt: Wir selbst.**

Ein Schüler sagte einst zu seinem Meister: „Ich will wissen, wie sich Himmel und Hölle anfühlen."
Sein Meister erwiderte: „Schließe die Augen. Was siehst du?" Der Schüler machte die Augen zu und befand sich in einer friedvollen Leere. Dann sagte der Meister: „Nun wirst du den Himmel sehen." Und dann sagte er: „Und jetzt die Hölle."
Als der Schüler die Augen aufmachte, waren sie voller Staunen und der Meister fragte: „Was hast du gesehen?"
Der Schüler antwortete: „Jedenfalls nichts von dem, was sich den Leuten zufolge im Himmel befinden soll. Keine goldenen Paläste und keine Bäche voller Nektar … nichts von alledem. Und in der Hölle ebenso: Kein loderndes Feuer und keine Menschen, die kreischend verbrannt und gefoltert wurden. Was soll das heißen? Waren das, was ich gesehen habe, wirklich Himmel und Hölle?"
Der Meister lachte und sagte: „Gewiss hast du Himmel und Hölle gesehen. Aber was die ganze Ausstattung betrifft – die goldenen Paläste, die Nektarbäche, lodernden Flammen und Schreie der Gefolterten, all das musst du schon selbst hinbringen. Das gibt es dort nicht. Was wir selbst mitbringen, ist das, was wir finden. Wir sind der Himmel und wir sind die Hölle."

Alles, was es im Innern eines Menschen gibt, das findet er auch draußen wieder. Das Äußere ist nur eine Projektion des Inneren. Wenn drinnen der Himmel ist, ist der Himmel auch draußen. Und wenn drinnen die Hölle ist, ist die Hölle auch draußen. Alles liegt in dir verborgen.

Wir sind der Himmel und die Hölle.

89

Nicht was die heiligen Schriften sagen ist wahr, sondern was die Liebe sagt. Gibt es eine größere heilige Schrift als die Liebe?

Einst kam Moses an ein Flussufer, wo er einen Schafhirten beim Selbstgespräch belauschte. Der Hirte sagte: „O Herr! Ich hab so vieles von dir gehört – dass du sehr schön bist, sehr lieblich und sehr freundlich. Solltest du je zu mir kommen, werde ich dir meine eigenen Kleider zu tragen geben und dich Tag und Nacht vor wilden Tieren beschützen. Ich werde dich jeden Tag im Fluss baden und dir leckere Dinge zu essen geben – ich werde dir Milch, Brot und Butter geben. Du weißt, wie sehr ich dich liebe, Herr. Bitte offenbare dich mir. Wenn ich dich auch nur ein einziges Mal sehen darf, werde ich dir alles geben, was ich besitze."
Als Moses all dies hörte, fuhr er den Schafhirten an: „Du Narr! Was redest du da? Du willst Gott beschützen, der unser aller Beschützer ist? Du willst ihn speisen und ihm deine schmutzigen Kleider zu tragen geben? Du willst den heiligen Gott im Fluss waschen? Du möchtest den für dich gewinnen, dem alles gehört, indem du ihm anbietest, alles zu geben, was du besitzt?"
Als der Hirte Moses hörte, zitterte er vor Traurigkeit und Reue. Tränen standen ihm in den Augen – augenblicklich kniete er nieder und bat um Gottes Vergebung. Kaum hatte sich Moses ein paar Schritte entfernt, hörte er eine

Stimme aus der Tiefe seines Herzens aufsteigen: „Du Idiot! Was hast du angerichtet? Ich habe dich ausgesandt, mir die Meinen näher zu bringen; und du hast im Gegenteil einen meiner Geliebten von mir weggeschickt!"

Du fragst, wo wir Gott suchen sollen? Ich sage: In der Liebe. Und wenn die Liebe da ist, dann erinnere dich: Gott ist auch in einem Stein.

Gibt es eine größere heilige Schrift als die Liebe?

90

Entdeckungen! Entdeckungen! Entdeckungen! Wie viele Entdeckungen werden jeden Tag gemacht! Und dennoch wird das Leben von Tag zu Tag mehr und mehr zu einer Qual. Um die Hölle zu beschreiben, bedarf es keiner Einbildungskraft mehr. Man braucht nur auf die Welt zu zeigen und zu sagen: „So sieht die Hölle aus." Und was ist die Ursache dieses Zustands? Die Ursache ist, dass der Mensch selbst unentdeckt geblieben ist.

Ich sehe, dass der Mensch die Tür zum Weltall aufgestoßen hat und sich anschickt zur Reise in weit entfernte Galaxien. Aber muss man sich da nicht wundern, dass ihm die Türen zu seinem eigenen Innersten nach wie vor verschlossen sind? Ich frage: Ist dies ein Gewinn oder ein Verlust? Wenn er alles andere fände und dafür sein Selbst verlöre, welchen Wert und Sinn hätte das? Selbst der Sieg über das gesamte All kann nicht die Wunde des Verlusts jenes kleinen Punktes heilen, der er selbst ist – der Mittelpunkt seiner eigentlichen Existenz.

Erst gestern Abend hat jemand gefragt: „Was soll ich tun, und was werde ich erreichen?" Meine Antwort: Finde dein Selbst. Denk ständig daran, dass alles, was du tust, dir dazu verhelfen sollte, dein Selbst zu finden. Alles, was dich von deinem Selbst abbringt, ist areligiös. Und alles, was dich zu deinem Selbst hinführt, ist meiner Erfahrung nach religiös.

Die Flamme in dir mag noch so winzig sein, sie überwindet das Dunkel der ganzen Welt. Und wenn in deiner Mitte Dunkelheit herrscht, werden selbst eine Millionen Sonnen am äußeren Himmel sie nicht beseitigen können.

**Alles,
was dich
von deinem
Selbst
abbringt,
ist areligiös.**

91

Meine Botschaft ist ganz kurz – liebe! Liebe jeden! Und merke dir: Keine Botschaft ist größer als diese... oder könnte jemals größer sein.

Ich habe gehört...
Eines Abends zog ein Leichenzug durch eine Ortschaft und viele Leute begleiteten den Leichnam. Man trug keineswegs einen König zu Grabe – ein gewöhnlicher Bettler war gestorben. Alle waren erstaunt, wie viele Leute gekommen waren, um einem armen Bettler das letzte Geleit zu geben.

Die Magd einer großen Villa rannte zu ihrer Herrin um ihr zu sagen: „Ein Bettler ist gestorben und in den Himmel gekommen!"
Die Herrin, die über diese so über jeden Zweifel erhabene Erklärung, dass der Verstorbene in den Himmel gekommen sei, lachen musste, fragte: „Hast du etwa gesehen, wie er in den Himmel kam?"
Die Magd erwiderte: „Aber gewiss doch, Gnädige! Das liegt auf der Hand. Sie hätten sehen sollen, wie bitterlich all die Leute im Leichenzug weinten. Beweist das denn nicht, wie tiefe Spuren die Liebe des Verstorben in allen, die ihn kannten, hinterlassen hat?"

Die Spuren der Liebe... Während ich darüber nachdenke, sehe ich, dass genau diese Spuren der Liebe auch die Fußspuren zur Tür Gottes sind. Führt überhaupt ein Weg zu Gott, wenn nicht durch Liebe? Was kann beweisen, zu Gott gelangt zu sein, wenn nicht, dass einer Liebe auf dieser Erde gefunden hat? Was Liebe im Diesseits ist, ist Gott im Jenseits. Liebe vereint. Darum ist Liebe die höchstmögliche Erfahrung.

Wie könnte etwas Trennendes je die höchstmögliche Erfahrung sein? Solange der Erfahrende vom Gegenstand seiner Erfahrung getrennt ist, herrscht Unwissenheit.

Meine Botschaft ist ganz kurz – liebe!

92

Jemand hat die Frage gestellt: „Ist der Mensch gut oder schlecht?“ Ich habe geantwortet: Er ist von Natur aus gut. Lass diese Tatsache mehr und mehr in dich einsinken, denn nichts ist zum Wachsen wichtiger als das.

Es gibt eine Geschichte von einem König, der drei Höflingen für dasselbe Verbrechen drei unterschiedlich Strafen gab. Den ersten schickte er ein paar Jahre lang ins Gefängnis. Den zweiten verbannte er aus dem Land. Aber zum dritten sagte er nur: „Ich bin wirklich überrascht – so etwas hatte ich nie von dir erwartet.“

Weißt du, wie sich diese drei unterschiedlichen Strafen auswirkten? Der erste Höfling war voller Reue, der zweite auch, und der dritte ebenso; doch alle drei hatten ganz verschiedene Gründe für ihre Reue. Alle drei waren unglücklich über die Erniedrigung und Schande, doch während sich die beiden ersten in den Augen der anderen beschämt fühlten, war der dritte über sich selbst beschämt. Dies ist ein Riesenunterschied. Der erste freundete sich bald mit den anderen Gefangenen und den Wärtern an und lebte ziemlich zufrieden im Gefängnis. Der zweite begann, nachdem er das Land verlassen hatte, ein einträgliches Geschäft und scheffelte Geld. Aber was konnte der dritte tun? Seine Reuegefühle gingen deswegen sehr tief, weil er, seiner eigenen Wahrnehmung nach, versagt hatte. Er hatte als „gut“ gegolten, und so wurde „Gutes“ von ihm erwartet. Und genau das war der Dorn, der ihn jetzt stach. Und dieser innere Stachel war es, der ihn anspornte sich zu rehabilitieren. Er begann sich zu transformieren, weil er sich nunmehr selbst nach dem sehnte, was von ihm erwartet worden war.

Mit dem Vertrauen in das Gute beginnt der Aufstieg des Guten. Das Vertrauen in das Wahre wirkt wie Regen, der die Saat des Wahren sprießen und gedeihen lässt. Und das Vertrauen in das Schöne wirkt wie der Sonnenschein, der die schlafende Schönheit weckt.

Denke daran: Lass deine Augen niemals Böses im Wesen eines anderen sehen; denn es gibt nichts Böseres als das. Wer Böses in anderen sieht, der wird es nur in ihnen verstärken. Das Böse ist niemandes Wesen, sondern Zufall. Das ist der Grund, warum sich jemand, der in sich Böses entdeckt, sich in seinen eigenen Augen gedemütigt fühlt. Die Sonne wird nicht zur Wolke, nur weil sie vorübergehend von Wolken verdeckt wurde. Vertraue niemals, unter keinen Umständen, den Wolken. Wenn du dich an die Sonne hältst, wird sie sich um so eher wieder zeigen.

93

Leute, die aus Angst religiös geworden sind, machen sich nur vor, religiös geworden zu sein. Angst und Religiosität sind Gegensätze. Angstlosigkeit ist die einzige Tür zum Religiösen.

Jemand hat mich einmal gefragt: „Du sagst, das Göttliche ist im Innern, aber ich kann da drinnen nichts sehen." Ich sagte zu ihm: Freund, was du sagst, ist ganz richtig. Aber es nicht zu sehen heißt nicht, dass es abwesend ist. Wenn es bewölkt ist, siehst du die Sonne nicht; genauso wenig, wie mit geschlossenen Augen.

Ich habe in Tausende von Augen geschaut und Tausende von Herzen erforscht, aber ich sehe nichts als Angst. Und merke dir: Wo Angst ist, kannst du die Wahrheit nicht sehen. Angst ist wie dunkle Wolken, die die Sonne bedecken. Und der Rauch der Angst hindert die Augen daran sich zu öffnen. Wer die Wahrheit finden will, muss erst die Angst loswerden.

Du musst all deine Ängste aufgeben, wenn du die endgültige Wahrheit sehen willst. Ein vor Angst zitternder Geist kann nie ruhig sein, und darum kann er nicht einmal das Allernächste erkennen, kann er nicht erkennen, was er selbst ist. Angst heißt Zittern, Angstlosigkeit heißt Stille. Angst heißt Entwurzelung, Angstlosigkeit heißt *Samadhi* – ein tiefes Verwurzeltsein in deinem Wesen.

Was macht die Angst mit dem Verstand?

Dasselbe, was Blindheit mit den Augen macht. Bei der Suche nach Wahrheit hat Angst nichts zu suchen. Selbst die Angst vor dem Allerhöchsten hat da keinen Platz. Angst ist Angst, egal vor was. Wirkliche Angstlosigkeit öffnet die Augen für die Wahrheit.

Wirkliche Angstlosigkeit öffnet die Augen für die Wahrheit.

94

Sei nie geizig, wenn du dir ein Ideal wählst. Es sollte das Höchste sein. Tatsächlich ist alles Geringere als Wahrheit überhaupt kein Ideal. Ein Ideal ist die Prophezeiung dessen, was du am Ende irgendwann sein wirst. Es ist die Ankündigung des endgültigen Ausdrucks deines ureigenen Wesens.

Von früh bis spät suchen Leute mich auf. Dann frage ich sie: Wo ist deine Seele? Plötzlich sind sie begriffsstutzig. Dann kläre ich sie auf, dass die Seele eines jeden Menschen im Ideal seines Lebens existiert: Was er werden will, was er erreichen will – dort ist seine Seele. Und alles, was er nicht werden will, nicht erreichen will, hat kein Leben.
Wir haben es in der Hand, wo wir unsere Seele hintun. Und wo einer seine Seele hintut – hoch oder niedrig – beeinflusst, ob sein Lebensstrom auf- oder abwärts fließt. Deine Augen werden wie gebannt dorthin schauen, wo deine Seele ist, und mit jedem Ein- und Ausatmen wird deine Erinnerung wieder dorthin eilen. Mit der Zeit wird sich die Saat deiner Gedanken auf dem Weg aussäen, auf dem dein Gedächtnis hin und her eilt.
Gedanken sind die Saat für das Handeln. Was heute noch ein Gedanke ist, sprießt morgen auf und wird zu deinem Tun, wann immer sich eine passende Gelegenheit ergibt. Darum ist das Allerwichtigste im Leben, dir den richtigen Ort für deine Seele auszusuchen.

Diejenigen, die ohne diese Wahl zu treffen leben, sind wie Schiffe, die ohne Ziel auslaufen. Solche Schiffe sind zum Sinken verurteilt. Die Leben derer, die in Unwissenheit und Unbewusstheit umhertreiben, werden sich nur um ihre körperlichen Bedürfnisse drehen. Sie werden niemals eine Wahrheit kennenlernen, die über den Körper hinausgeht. Ihnen bleibt jener höchstmögliche Schatz vorenthalten, der in ihnen verborgen liegt.

Erwache aus der Unwissenheit und Unbewusstheit! Schlag die Augen auf und sieh auf die hohen, schneebedeckten Berggipfel des Lebens, die im Sonnenschein glänzen und nach dir rufen. Wenn du die Sehnsucht dorthin zu gelangen in deinem Herzen erwecken kannst, sind diese Gipfel nicht weit weg.

95

Wenn ich Leute über die Wahrheit streiten höre, bin ich immer überrascht. Die Streithähne sind zweifellos unwissend, denn um die Wahrheit kann man nicht streiten. Die Wahrheit gehört keinem Lager an oder vertritt einen Standpunkt. Alle festen Meinungen und Positionen stehen für Ignoranz. Die Wahrheit kennt kein Lagerdenken; sie ist unparteiisch. Alle, die sich in streitbare Ideologien und Vorurteile verstricken, errichten mit eigenen Händen Mauern zwischen sich und der Wahrheit.

Mein Rat ist: Lass alle Gedanken los und sei im Zustand des Nichtdenkens. Vergiss alle Ansichten und vertritt keine Meinung. Denn nur auf diesem Wege zeigt sich das Licht, das die Wahrheit enthüllt.

Einst wurde ein bisher unbekanntes Tier in einer stockfinsteren und dreckigen Kiste untergebracht. Viele Leute wollten es sehen, aber da es im Stockdunkeln nicht zu sehen war, betasteten sie es mit den Händen um herauszufinden, wie es aussah. Einer sagte: „Dieses Tier ist wie eine der Säulen im königlichen Palast." Ein anderer widersprach: „Nein, es ist wie ein großer Fächer." Ein dritter sagte etwas anderes und ein vierter wieder etwas anderes.
Jeder hatte seine eigene Version davon, wie das Tier wirklich aussah. Darüber brach ein hitziger, feindseliger Streit aus. Natürlich gab es nur eine Wahrheit, aber viele

Meinungen. Tatsächlich war es ein Elefant, den man in den dunklen Käfig eingesperrt hatte, aber jeder bestand darauf die richtige Meinung zu haben – je nachdem, welchen Teil des Elefanten er betastet hatte.
Hätte jeder nur eine kleine Lampe gehalten, wäre dieser unsinnige Streit gar nicht erst ausgebrochen.
Was war ihr Problem? Nichts weiter als ein Mangel an Licht. Und jeder hat dasselbe Problem. Die Wahrheit des Lebens ist nur im Licht des *Samadhi*, des Nichtdenkens, zu erkennen. Diejenigen, die es mit Gedanken berühren, werden streitbare Meinungen finden, aber nicht die Wahrheit.

Wenn du die Wahrheit wissen willst, suche nach Licht, nicht nach Theorien. Es kommt nicht auf die Gedanken sondern auf das Licht an. Und das Licht existiert in jedem von uns. Wer sich vom Durcheinander der Gedanken befreit, findet die ewige Flamme, die von jeher in seinem Innern gebrannt hat.

Die Wahrheit kennt kein Lagerdenken – sie ist unparteiisch.

96

Ich sehe Leute vor Angst zittern. Sie verbringen ihr gesamtes Leben deshalb in einem höllischen Zittern, weil sie nur *den* Reichtum erkennen, der vor ihnen liegt. Und indem ihr äußerer Reichtum zunimmt, vermehrt sich auch ihre Angst – obwohl sie dem Reichtum nur hinterherrennen, um die Angst loszuwerden! Wie schade... Wenn sie bloß wüssten, dass es noch einen anderen Reichtum gibt, der in jedem steckt! Wer diesen Reichtum entdeckt, der wird angstlos.

Es war kein Mond am Abendhimmel. Die Sonne versank soeben im Westen und die Dämmerung brach herein. Ein alter Einsiedler durchquerte mit einem seiner jungen Schüler einen Wald. Gleich würde es dunkel sein, und so fragte er den jungen Mann: „Es wird Nacht und dies ist ein finsterer Wald. Gibt es auf dem Weg vor uns irgendetwas zu befürchten oder zu beachten?"
Erstaunt vernahm der junge Mann diese Worte – warum sollte ein Einsiedler etwas befürchten?
Die Angst ist nie draußen; sie hat ihre Wurzeln immer irgendwo in uns. Als es Zeit für sein Bad und seine Abendtoilette wurde, gab der alte Einsiedler dem jungen Mann seinen Beutel und verschwand kurz. Da er beim Aushändigen des Beutels sehr besorgt und ängstlich gewirkt hatte, schaute der Jüngere jetzt hinein – und was sah er? Einen Barren Gold! Da war ihm alles klar – er hatte die Ursache

der Angst gefunden. Kaum war der Alte zurück, nahm er dem jungen Mann seinen Beutel ab und beide setzten ihre Reise fort. Als es dunkel wurde und die Nacht den einsamen Wald verschlang, wiederholte der Alte seine Frage. Da lachte der junge Mann und sagte: „Bitte, du brauchst keine Angst mehr zu haben. Wir brauchen jetzt nichts mehr zu befürchten!"
Der Alte sah ihn überrascht an sagte: „Aber der Wald ist noch nicht zu Ende!"
Der junge Mann erwiderte: „Nicht der Wald, aber die Angst ist zu Ende. Ich hab sie dort hinten in den Brunnen geworfen!" Nervös geworden, sah der Alte in seinen Beutel. Und fand einen Felsbrocken statt seines Goldbarrens. Einen Augenblick hatte er das Gefühl, sein Herz stehe still, aber schon im nächsten Moment erwachte er.
Die Neumondnacht war für ihn im Nu zur Vollmondnacht geworden. Beseelt von dem Licht, das er gesehen hatte, begann er zu tanzen. Er hatte eine außergewöhnliche Wahrheit erblickt. Sie schliefen die Nacht über im selben Wald, aber es gab weder Dunkelheit, noch Angst.

Es gibt einen Unterschied zwischen diesem und jenem Reichtum. Das Glück, ein äußeres Vermögen anzusammeln, ist im Grunde überhaupt kein Reichtum. Man nennt es besser ein Unglück. Das wahre Vermögen ist nur zu finden, indem man sein Selbst entdeckt. Das, was zu Angst führt, ist Unglück, und nur das, was zu Angstlosigkeit führt, nenne ich wahren Reichtum.

97

Ein paar junge Männer wollten von mir wissen: „Was ist Sünde?" Ich erwiderte: Unbewusstheit. Tatsächlich kann man eine Sünde unmöglich bewusst begehen. Darum sage ich, dass nur *das* Tun gut ist, das bei vollem Bewusstsein getan wird. Und nur *das* Sünde ist, was man bewusstlos, unachtsam tut.

In einer dunklen Nacht betrat ein junger Mann die Hütte eines Eremiten. Er sagte: „Ich möchte dein Schüler werden."
Der Eremit antwortete: „Willkommen! Auf der Schwelle zur Wahrheit ist jeder jederzeit willkommen."
Der junge Mann erschrak ein wenig und sagte: „Aber ich hab eine Menge Fehler – ich bin ein großer Sünder!"
Da lachte der Eremit und sagte: „Wer bin ich, dich abzulehnen, wenn die Existenz dich akzeptiert? Ich akzeptiere dich mit all deinen Sünden."
Der junge Mann sagte: „Aber ich bin ein Spieler, ein Säufer, ich habe keinen guten Charakter."
Der Eremit erwiderte: „Nichts von alledem ändert etwas daran. Aber sag mir: Ich habe dich akzeptiert, wirst du auch mich akzeptieren? Wenn du diese Dinge tust, die du Sünde nennst, würdest du bitte daran denken, in meiner Gegenwart auf sie zu verzichten? Kann ich so viel von dir erwarten?" Was das betraf, konnte der junge Mann dem Eremiten garantieren, dass es selbstverständlich sei, dem Meister so viel Respekt entgegenzubringen.

Als er aber nach ein paar Tage wiederkam und ihn der Meister fragte, wie es seinen Sünden gehe, lachte er und sagte: „Sobald ich anfange wieder unbewusst zu werden, sehe ich deine Augen vor mir und werde wach. Deine Präsenz weckt mich auf. Und mit offenen Augen kann ich unmöglich in den Graben fallen!"

So wie ich es sehe, sind Sünde und Tugend nicht einfach Taten. Tatsächlich sind sie Indizien dafür, ob wir schlafen oder wachen. Wer die Sünde bekämpfen oder eine gute Tat vollbringen möchte, der irrt leider. Es kommt nicht darauf an, was man tut oder nicht tut. Es kommt darauf an, ob man innerlich etwas ist oder nicht ist. Und wenn in dir Wachheit ist – wenn Bewusstsein, eine Bewusstheit seiner selbst vorhanden ist – nur dann existierst du. Ansonsten haben es Diebe, wenn der Besitzer eines Hauses schläft, genauso leicht wie Sünden, wenn der innere Hausherr schläft.

98

Der Mensch muss sich ständig erneuern, jeden Moment. Er muss sich selbst gebären. Alle, die diese Kunst der ständigen Wiedergeburt nicht beherrschen, sollten sich klar machen, dass sie schon längst gestorben sind.

Gestern Abend kamen ein paar Leute zu mir und fragten: „Was heißt Religion?" Ich sagte ihnen: Religion ist die Kunst des Menschen, als Gott neu geboren zu werden. Der Mensch hat die Macht, sowohl sich selbst zu zerstören als auch sich selbst zu erschaffen. Er kann sich vernichten oder sich erschaffen. Er ist frei, sich für eins von beidem zu entscheiden. Das muss er vor sich selbst verantworten.
Mit seiner Selbstliebe beginnt seine Liebe zur Welt. Je mehr er sich selbst zu lieben vermag, desto mehr verschließt er sich dem Weg seiner Selbstzerstörung. Und was immer für ihn selbstmörderisch wäre, ist areligiös, wenn es andere betrifft. Nur der Mangel an Liebe zu seinem eigenen Dasein und dessen potenziellem Wachstum wird letztlich zur Sünde. Somit ist die Ursache von Sünde und Tugend, Gut und Böse, Religiosität und Areligiosität in ihm selbst zu suchen – nicht in irgendeinem Gott oder Jenseits.
Transformation beruht auf der nachhaltigen Erkenntnis dieser Wahrheit, die uns wachrüttelt für die Verantwortung, die mit dem Menschsein einhergeht. Dann lebt man nicht einfach nur vor sich hin; dann ist das Leben voller Spuren der Erhabenheit, und wir gehen darin auf, stets

unser Selbst zu schaffen. Alle, die dies erkannt haben, gebären sich unentwegt auf immer höheren Bewusstseinsebenen weiter. Und dieser unentwegte Schöpfungsprozess macht die Schönheit des Lebens aus. Das Leben wird voll von Musik und Poesie und erhebt sich nach und nach über die Dunkelheit und den Nebel der Täler, so dass die Augen unserer Herzen die Sonne erblicken.

Das Leben ist eine Kunst. Und der Mensch ist sowohl der Künstler seines Lebens als auch das Instrument dieser Kunst. Er entdeckt, dass er genauso ist, wie er sich selbst erschafft. Denk daran: Der Mensch wird nicht fix und fertig geboren; wenn wir geboren werden, sind wir alle wie unbehauene Steine. Und wir selbst erschaffen die Statuen zu denen wir werden – ob hässlich oder schön.

99

Es gibt keine Erfüllung außer dem Göttlichen. Nichts als das vermag dein Herz zufriedenzustellen.

Eine riesige Menschenmenge hatte sich vor dem Palast versammelt; ein Wandermönch hatte den Kaiser um ein Almosen gebeten. Der Kaiser hatte ihm gesagt „Bitte um was du willst, und es wird dir gewährt". Es war nämlich am kaiserlichen Hof üblich, dem ersten Bettler des Tages alles zu gewähren, worum er bat.
Der Mönch hielt ihm seine Bettelschale hin und sagte: „Fülle sie einfach mit Goldmünzen!"
„Nichts leichter als das," dachte der Kaiser.
Doch als die Goldmünzen in die Schale geschüttet wurden, zeigte es sich, dass es unmöglich war sie zu füllen. Es war eine Zauberschale: Je mehr Münzen man hineinwarf, desto leerer wurde sie! Angesichts des entsetzten Kaisers sagte der Mönch: „Wenn du sie nicht füllen kannst, sag es doch einfach. Das ist doch egal, dann geh ich halt leer aus. Schlimmstenfalls werden die Leute sagen: ‚Der Kaiser hat mehr versprochen, als er halten kann.'"
Der Kaiser leerte seine ganze Schatzkammer, aber die Schale blieb leer. Alles, was er besaß, warf er in diese Schale, aber sie wollte einfach nicht voll werden.
Schließlich stöhnte der Kaiser: „Oh Mönch, deine Schale ist keine normale Schale. Sie zu füllen übersteigt meine Kräfte. Was für eine Bewandtnis hat es mit dieser Schale?"

Da lachte der Mönch und sagte: „Ach, nichts weiter. Sie ist aus demselben Stoff wie das Herz der Menschen. Weißt du denn nicht, dass das Herz des Menschen nie genug kriegen kann? Womit man es auch füllt – Reichtum, Rang, Wissen – es wird immer leer bleiben, denn es ist nicht dazu da, mit solchen Dingen gefüllt zu werden. Wegen dieser Ignoranz gegenüber der Wahrheit wird der Mensch immer bedürftiger, je mehr er bekommt. Seine Herzenswünsche werden – egal wieviel er bekommt – nie befriedigt werden, weil sein Herz dazu bestimmt ist, vom Göttlichen erfüllt zu sein."

Suchst du Frieden? Suchst du Erfüllung? Dann lasse deinen Willen erklären: „Das Einzige, was ich suche, ist Göttlichkeit."

100

Wo ist Gott? Es kommen Leute zu mir, die nach Gott suchen; und ich sage ihnen: Gott ist überall gegenwärtig, immer, in jedem Moment. Es ist nicht nötig, ihn irgendwo zu suchen. Wache auf – und schau! Und was immer du siehst wenn du aufwachst, ist nichts anderes als Gott.

Hafiz, der Sufi-Dichter, war mit vielen anderen Schülern in der Einsiedelei seines Meisters. Eines Abends bat der Meister seine Schüler, sich still meditierend hinzusetzen. Gegen Mitternacht flüsterte er: „Hafiz!" Hafiz ging sofort zu seinem Meister, der ihm sagte, was er ihm zu sagen hatte. Nach einer Weile rief der Meister einen anderen auf. Aber wiederum ging Hafiz zu ihm. Zehn andere rief der Meister ebenso auf, aber jedes Mal kam nur Hafiz – denn alle anderen schliefen.

Gott ruft uns alle, jeden einzelnen Augenblick. Aus allen Himmelsrichtungen, auf jede erdenkliche Art und Weise ertönt Gottes Stimme. Wir aber schlafen. Nur wer wach ist, hört diese Stimme; nur wer wach ist, findet Gott. Darum sage ich: Zerbrecht euch nicht den Kopf über Gott, denn das ist sinnlos; überlegt lieber, wie ihr euch wecken könnt. Alles, was wir im Schlaf erkennen, ist nur eine verzerrte Form Gottes. Diese Zerrbilder sind eure Welt. Sobald ihr aufwacht, findet ihr Gott.

Gott ist überall. Es gibt überhaupt nur Gott, nichts sonst. Wir aber träumen, sodass alles Existierende unsichtbar bleibt. Lasst die Träume los. Seinen Träumen zu entsagen und nicht der Welt, bedeutet Sannyas oder Hingabe. Und wer seine Träumen loslässt, entdeckt, dass er Gott ist.

Wache auf – und schau!

Mehr über Osho:

www.osho.com

Weitere Bücher von Osho:

www.innenwelt-verlag.de